MICHAEL KEMPERMANN

Unlautere Ausnutzung von Vertrauensverhältnissen
im englischen, französischen und deutschen Recht

Schriften zum Bürgerlichen Recht

Band 21

Unlautere Ausnutzung von Vertrauensverhältnissen im englischen, französischen und deutschen Recht

Von

Dr. Michael Kempermann

DUNCKER & HUMBLOT / BERLIN

Meiner Mutter

Die Arbeit hat der juristischen Fakultät der Universität Bonn im Mai 1974 als Dissertation vorgelegen. Sie wurde angeregt von Herrn Professor Dr. F. A. Mann, dem ich auch für weitere wertvolle Hinweise zu Dank verpflichtet bin.

Angefangen von der Reinschrift des Manuskripts bis zur endgültigen Veröffentlichung bedarf es vielfältiger Hilfe und Unterstützung, für die ich mich ebenfalls an dieser Stelle herzlich bedanken möchte.

Michael Kempermann

Inhaltsverzeichnis

§ 3 Das französische Recht

§ 4 Das deutsche Recht

§ 5 Rechtspolitische Überlegungen

Abkürzungsverzeichnis

A	Atlantik Reporter (USA)
A2d	Atlantik Reporter, Second Series
a. A.	anderer Ansicht
a.a.O.	am angegebenen Ort
ABGB	Österreichisches Allgemeines Bürgerliches Gesetzbuch
A.C.	Law Reports, Appeal Cases, House of Lords and Privy Council (seit 1890)
AcP	Archiv für die zivilistische Praxis
al.	alinéa
All E.R.	All England Law Reports
Allgem. Bem.	Allgemeine Bemerkungen
AnfG	Anfechtungsgesetz
Anh.	Anhang
Anm.	Anmerkung
App.Cas.	Law Reports, Appeal Cases, House of Lords (1875 - 1890)
Art.	Artikel
A.T.	Allgemeiner Teil
Atk.	Atkyn's English Chancery Reports
av.proj.	Avant projet de Code civil
Ball & B.	Ball and Beatty's Irisch Chancery Reports
BB	Der Betriebsberater
Bd.	Band
Beav.	Beavan's English Rolls Court Reports
BeurkG.	Beurkundungsgesetz
BGB	Bürgerliches Gesetzbuch
BGBl	Bundesgesetzblatt
BGE	Entscheidungen des Schweizerischen Bundesgerichtes
BGH	Bundesgerichtshof
BGHZ	Entscheidungen des Bundesgerichtshofs in Zivilsachen
Bull.cass.	Bulletin des arrêts de la Cour de cassation
Bull.civ.	Bulletin des arrêts de la Cour de cassation en matière civile
bzw.	beziehungsweise
C.c.	Code civil; Codice civile (Italien) Código civil (Spanien, Portugal)
Cass.Civ.	Cour de cassation, chambre civile
Cass.Req.	Cour de cassation, chambre des requêtes
Ch.	Law Reports, Chancery Division (seit 1890)
Ch.App.	Law Reports Chancery Appeals
Ch.D.	Law Reports, Chancery Division (1875 - 1890)
Cl. & Fin.	Clark & Finnely's House of Lords Cases
Curt.	Curteis' Ecclesiastical Reports
Cox.	Cox's English Chancery Reports

D.	Dalloz, Recueil périodique et critique
D.H.	Dalloz, Recueil hebdomadaire de jurisprudence
DJ	Deutsche Justiz
DJZ	Deutsche Juristenzeitung
D.jur.gén.	Répertoire alphabétique de législation de doctrine et de jurisprudence de Dalloz
D.P.	Dalloz, Recueil périodique et critique mensuel
DRiZ	Deutsche Richterzeitung
D.S.	Recueil Dalloz-Sirey de doctrine et jurisprudence et de législation
De G.F. & J.	De Gex, Fisher & Jones' English Chancery Reports
De G. & J.	De Gex & Jones' English Chancery Reports
De G.J. & S.	De Gex, Jones' & Smith's English Chancery Reports
De G.M. & G.	De Gex, Macnaghten & Gordon's English Bankruptcy Reports
De G. & Sm.	De Gex & Smale's English Chancery Reports
Dow.	Dow's House of Lords Cases
Drew.	Drewry's English Vice-Chancellors' Reports
E.C.	Law Report, Equity Cases
Eden	Eden's Reports, High Court of Chancery England
Entw.	Entwurf
Eq.Rep.	Equity Reports
F	Federal Reporter (USA)
f., ff.	folgende
gem.	gemäß
Giff.	Giffard's English Vice-Chancellors' Reports
HansGZ	Hanseatische Gerichtszeitung
Hans OLG	Hanseatisches Oberlandesgericht
Hare	Hare's English Vice-Chancellors' Reports
H.L.C.	House of Lords Cases
h. M.	herrschende Meinung
HRR	höchstrichterliche Rechtsprechung
Hag.Ecc.	Haggard's Ecclesiastical Reports
Ill.App.	Illinois Appeal Reports (USA)
Ir.Ch.R.	Irish Chancery Reports
Ir.Eq.Rep.	Irish Equity Reports
J.C.P.	Jurisclasseur périodique (La semaine juridique)
JuS	Juristische Schulung
JW	Juristische Wochenschrift
JZ	Juristenzeitung
Jur.Class.	Juris-Classeur
K.B.	Law Reports, King's Bench Division
KG	Kammergericht
K. & J.	Kay & Johnston's English Vice-Chancellors' Reports
LG	Landgericht
L.J.Ch.	Law Journal, Chancery

LM	Nachschlagewerk des Bundesgerichtshofes. Leitsätze und Entscheidungen, herausgegeben von Lindenmaier und Möhring
L.Q.R.	Law Quarterly Review
L.R.H.L.	English Law Reports, House of Lords
L.R.P. & D.	Law Reports, Probate and Divorce
L.T.	Law Times
LZ	Leipziger Zeitung für deutsches Recht
MDR	Monatsschrift für Deutsches Recht
M.L.R.	Modern Law Review
Mac. & G.	Macnaghten & Gordon's English Chancery Reports
Madd.	Maddock's English Chancery Reports
Moo.P.C.C.	Moore's Privy Council Cases
Myl. & Cr.	Mylne & Craig's English Chancery Reports
NJW	Neue Juristische Wochenschrift
Nr., n.	Nummer
OAG	Oberappelationsgericht
OGHZ	Entscheidungen des Obersten Gerichtshofs für die Britische Zone in Zivilsachen
OLG	Oberlandesgericht
OLGZ	Entscheidungen der Oberlandesgerichte in Zivilsachen
P	Pacific Reporter (USA)
P.	Law Reports, Probate, Divorce and Admirality Division (seit 1890)
P.D.	Law Reports, Probate, Divorce and Admirality Division (1876 - 1890)
P. & M.	Philip & Mary
P. Wms.	Peere Williams' English Chancery Reports
Phill.Ecc.	J. Phillimore's Ecclesiastical Reports
Price	Price's Exchequer Reports
Q.B.	Law Reports, Queen's Bench Division (seit 1890)
Q.B.D.	Law Reports, Queen's Bench Division (1875 - 1890)
R.	Rettie, Court of Session Reports (Scotland, 1873 - 1898)
RG	Reichsgericht
RGRK	Kommentar, herausgegeben von Reichsgerichtsräten und Bundesrichtern
RGZ	Entscheidungen des Reichsgerichts in Zivilsachen
Rec. Bordeaux	Recueil des arrêts de la Cour d'appel de Bordeaux
Recht	Das Recht
Rev.trim.dr.civ.	Revue trimestrielle de droit civil
Rdnr.	Randnummer
Russ.	Russel's English Chancery Reports
S.	Seite; Sirey, Recueil général des lois et arrêts
s. o.	siehe oben
s. u.	siehe unten
Sch. & Lef.	Schoales & Lefroy's Irish Chancery Reports
sec.	section

SeuffArch.	Seufferts Archiv für Entscheidungen der obersten Gerichte in den deutschen Staaten
Sim.	Simons' English Vice-Chancery Report
T.L.R.	Times Law Report
TestG	Gesetz über die Errichtung von Testamenten und Erbverträgen vom 31. 7. 1938
Trib.civ.	Tribunal civil
vgl.	vergleiche
VersR	Versicherungsrecht, Juristische Rundschau für die Individualversicherung
Ves.	Vesey Junior's English Chancery Reports
Ves.Sen.	Vesey Senior's English Chancery Reports
Vict.	Victoria
WG	Wechselgesetz
W.L.R.	Weekly Law Reports
WM	Wertpapier-Mitteilungen
WarnRspr.	Die Rechtsprechung des Reichsgerichts auf dem Gebiet des Zivilrechts, herausgegeben von Warneyer
Wilm.	Wilmot's Notes of Opinions, English King's Bench
Y. & C.	Younge & Colleyer's English Chancery Reports and Exchequer
Y. & C. Ex.	Younge & Colleyer's Exchequer, England
z. B.	zum Beispiel
Ziff.	Ziffer

§ 1 Einleitung

I. Überblick über undue influence
im anglo-amerikanischen Recht

Es geschieht nicht selten, daß Rechtsgeschäfte durch Ausnutzung eines Vertrauensverhältnisses zustande kommen. Man denke nur an die Fälle der Erbschleichung. Deshalb ist es erstaunlich, daß dieser Tatbestand im deutschen Recht nicht geregelt ist, und daß sich auch die Rechtsprechung nur selten damit befaßt.

Im anglo-amerikanischen Rechtskreis bildet die Ausnutzung von Vertrauensverhältnissen einen Teil der Lehre von *undue influence,* die sich im englischen equity-Recht während des 18. und 19. Jahrhunderts entwickelte, um die zu eng erscheinenden Willensmängel des common law, Nötigung (duress) und arglistige Täuschung (fraud, misrepresentation) zu ergänzen[1].

Vor allem die Anfechtungsmöglichkeit wegen duress war im common law sehr eingeschränkt. Sie bestand nur, wenn das Rechtsgeschäft durch Ausübung oder Androhung körperlichen Zwangs gegenüber dem Anfechtenden, seiner Ehefrau oder seinen Kindern zustande gekommen war. Die equity-Gerichte füllten diese rechtliche Lücke aus, indem sie auch in Fällen von Drohung im Sinne des kontinentalen Rechts (coercion), der unlauteren Ausnutzung von Vertrauensverhältnissen (undue influence), damit zusammenhängend der Täuschung durch Verschweigen (non-disclosure) und schließlich in Fällen des Wuchers ein Anfechtungsrecht gewährten.

Als Oberbegriff für diese Tatbestände findet man die Bezeichnung „constructive fraud"[2] oder — etwas verwirrend — ebenfalls „undue influence"[3], was ja nur „unlautere Beeinflussung" bedeutet und somit dem Wortsinn nach alle angeführten Anfechtungsgründe umfaßt. Die englische Rechtsprechung hat sich nie veranlaßt gesehen, die Grenzen von undue influence genau festzulegen. Im Gegenteil, man glaubte, durch eine eng umgrenzte Definition werde nur die Umgehung erleich-

---

[1] Anson/Guest, S. 246, 249.

[2] z. B. Kerr, S. 177; Hanbury/Maudsley, S. 651.

[3] z. B. Chitty, Nr. 353 ff.; Jones v. Merionethshire Permanent Benefit Building Society (1892) 1 Ch. 173, 182, 186.

tert und das angestrebte Ziel, die Einführung der Regeln der Fairness in das Rechtsleben, vereitelt[4].

Die vorliegende Untersuchung befaßt sich nur mit undue influence im engeren Sinne.

Die englischen Gerichte haben wegen unlauterer Ausnutzung von Vertrauensverhältnissen vor allem Schenkungen aufgehoben. Die gleichen Grundsätze gelten jedoch für entgeltliche Verträge, durch die die Vertrauensperson einen auffälligen Vorteil erlangt hat[5].

Seit der Entscheidung in *Allcard v. Skinner*[6] werden zwei Tatbestandsgruppen unterschieden. Die eine bezeichnet man mit „*domination*". Es handelt sich dabei um den Fall, daß eine Partei den Willen der anderen völlig beherrscht. Die andere Gruppe ist die der „*verdächtigen Vertrauensverhältnisse*" („suspected relations"[7]). Stehen die Vertragsparteien in einem Verhältnis zueinander, das die Vermutung erweckt, die eine habe ihren Einfluß über die andere ausgenutzt, um sich einen übermäßigen Vorteil zu sichern, muß die begünstigte Partei beweisen, daß das Geschäft auf faire Weise zustande gekommen ist, d. h. daß es sich um einen spontanen Akt des Begünstigenden handelte, vorgenommen unter Begleitumständen, die es ihm ermöglichten, seinen freien Willen auszuüben. Andernfalls kann die schwächere Partei das Rechtsgeschäft anfechten.

Das allgemeine Prinzip, auf dem die durch zahlreiche Gerichtsentscheidungen herausgebildete Regel beruht, wurde am umfassendsten formuliert von Cotton, L. J., — ebenfalls in *Allcard v. Skinner*[8]:

„Man kann sagen, daß der ersten Gruppe von Fällen das Prinzip zugrunde liegt, daß niemand einen Vorteil aus seiner eigenen Arglist oder seinem unrechten Verhalten ziehen soll. In der zweiten Gruppe von Fällen greift das Gericht nicht deshalb ein, weil der Beschenkte tatsächlich in irgendeiner Weise Unrecht begangen hätte, sondern um zu verhüten, daß die zwischen den Parteien bestehenden Beziehungen und der daraus erwachsende Einfluß mißbraucht werden."

Den letzten Gesichtspunkt erläutert auch Lindley, L. J., in der gleichen Entscheidung[9]:

„... der Einfluß eines menschlichen Geistes über den anderen ist sehr schwer zu fassen (subtle) ... und um dem entgegenzuwirken, sind die

---

[4] Allcard v. Skinner (1887) 36 Ch.D. 145, Votum von Lindley, L.J. S. 183.

[5] Tufton v. Sperni (1952) 2 T.L.R. 516, 526; Wright v. Carter (1903) 1 Ch. 27, 52; Chitty, Nr. 353.

[6] (1887) 36 Ch.D. 145 ff., Votum von Cotton, L.J., S. 171.

[7] Spencer Bower, S. 369 im Anschluß an Pollock, S. 476.

[8] a.a.O. S. 171.

[9] a.a.O. S. 183.

equity-Gerichte sehr weit gegangen. . . . Sie haben das getan, . . . um die Rechtsgenossen davor zu schützen, daß ein solcher Einfluß unter Umständen ausgeübt wird, die seinen Nachweis unmöglich machen. Die Gerichte haben den Beweis verlangt, daß kein Einfluß ausgeübt wurde und bei Fehlschlagen des Beweises Schenkungen aufgehoben, die sonst unanfechtbar gewesen wären."

Dieser Teil der Lehre von undue influence wurde von der Rechtsprechung im 19. Jahrhundert durch das Hervorheben bestimmter Vertrauensverhältnisse konkretisiert.

Zu ihrer Entwicklung trug vor allem das Werk von Pothier, „Traité des donations entre vifs", bei[10]. Der letzte Lehrer des ancien droit wurde von den englischen Gerichten zu dieser Zeit gelegentlich als Autorität anerkannt und wirkte so unmittelbar auf die englische Rechtsschöpfung ein[11]. Grundlage der von Pothier[12] dargestellten Regelung im vorrevolutionären französischen Recht war Art. 131 einer Ordonnanz von 1539, der besagt, daß unentgeltliche Zuwendungen an Vormünder und Vermögensverwalter nichtig sein sollten. Diese Regel wurde durch die coutumes von Paris auf die Erzieher und durch die Rechtsprechung auf Ärzte und Apotheker, die den Zuwendenden während seiner letzten Krankheit behandelt hatten, sowie auf Beichtväter und Anwälte ausgedehnt. Bei diesen Personengruppen wurde unwiderleglich vermutet, daß sie zuviel Macht über den Zuwendenden gehabt und diese Macht ausgenutzt hätten, um den Abschluß des Rechtsgeschäfts herbeizuführen.

Den gleichen Katalog von Verhältnissen, die im ancien droit zur incapacité de recevoir führten, findet man in der Reihe der verdächtigen Vertrauensverhältnisse wieder, die die equity-Gerichte herausgebildet haben: Vormund-Mündel, trustee-beneficiary, Arzt-Patient, Priester-Gläubiger, Anwalt-Klient. Dazu kommen noch zwei Verhältnisse, für die im französischen Recht keine Empfangsbeschränkung galt. Es handelt sich um die Beziehungen zwischen Verlobten und zwischen Eltern und volljährigen, aber noch im elterlichen Hause lebenden Kindern. Im letztgenannten Fall galten Schenkungen an die Eltern in England schon zu Beginn des 18. Jahrhunderts als verdächtig[13]. Der Unterschied hängt damit zusammen, daß es Ziel des französischen Rechts war, das Familienvermögen zusammenzuhalten. Wenn innerhalb der Familie eine Vermögensverschiebung durch Beeinflussung eines Familienmitgliedes stattfand, sah das ancien droit keinen Grund zum Einschreiten[14].

---

[10] Keeton, S. 227.

[11] Allen, S. 260.

[12] Pothier, Bd. 7, S. 320 u. 437.

[13] Duke of Hamilton v. Mohun (1710) 1 P. Wms. 118; Morris v. Burroughs (1737) 1 Atk. 399; Cocking v. Pratt (1750) 1 Ves.Sen. 400.

[14] Vgl. auch Art. 1114 C.c., unten § 3 I.

Die englischen Gerichte betrachten den von ihnen aufgestellten Katalog verdächtiger Vertrauensverhältnisse nicht als abschließend, sondern behalten sich vor, auch jedes andere Vertrauensverhältnis im Einzelfall als verdächtig anzusehen[15]. Will eine Partei ein Rechtsgeschäft wegen *domination* anfechten, also ohne daß ein generell oder im konkreten Fall verdächtiges Vertrauensverhältnis vorliegt, muß sie beweisen, daß sie bei ihrer Willensbildung völlig unter dem Einfluß der anderen Partei stand, und daß es nur noch deren Wille war, der in ihrer Erklärung zum Ausdruck gekommen ist[16]. Im Testamentsrecht trifft die Beweislast immer die Partei, die sich auf undue influence beruft und die gerichtliche Bestätigung des Testaments verhindern will[17]. Dabei ist es gleichgültig, ob der Erblasser in einem verdächtigen Vertrauensverhältnis zum Bedachten stand[18]. Allerdings gibt es im Testamentsrecht die sogenannte Lehre vom *„want of knowledge and approval"*. Nach dieser Regel kehrt sich die Beweislast um, wenn die Umstände der Testamentserrichtung verdächtig waren, namentlich wenn ein Bedachter die Testamentsurkunde aufgesetzt hat[19].

Um die Vermutung von undue influence aufgrund eines verdächtigen Vertrauensverhältnisses zu widerlegen, muß die stärkere Partei nachweisen, daß die schwächere völlig informiert und nach reiflicher Überlegung aus eigenem Antrieb handelte[20]. Die sicherste Möglichkeit dazu bietet der Nachweis, daß die andere Partei vor Abschluß des Vertrages unabhängige rechtliche Beratung erhalten hat *(independant legal advice)*, oder daß der Einfluß zur Zeit des Vertragsschlusses nicht mehr bestand[21].

Die unabhängige Beratung soll gewöhnlich durch einen Anwalt erfolgen. Es kann aber auch angebracht und ausreichend sein, wenn ein im Geschäftsleben erfahrener Freund oder Verwandter die schwächere Partei berät; denn oft benötigt sie nicht so sehr technisch-juristischen Rat, als vielmehr jemanden, der sie moralisch unterstützt[22].

Um die Jahrhundertwende neigten die Gerichte dazu, Schenkungen an Vertrauenspersonen überhaupt nur bei Nachweis von independant advice aufrechtzuerhalten und keinen anderen Gegenbeweis zuzulas-

---

[15] Huguenin v. Baseley (1807) 14. Ves. 273, s. u. § 2 VI.
[16] Tufton v. Sperni (1952) 2 T.L.R. 516.
[17] Wingrove v. Wingrove (1895) 11 P.D. 81; Craig v. Lamoureux (1920) A.C. 349.
[18] Parfitt v. Lawless (1872) L.R. 2 P. & D. 462.
[19] Siehe im einzelnen unten § 2 X.
[20] Zamet v. Hyman (1961) 1 W.L.R. 1442; 3 All E.R. 933, 938.
[21] Powell v. Powell (1900) 1 Ch. 243.
[22] Taylor v. Johnston (1882) 19 Ch.D. 603.

sen, wenn das Vertrauensverhältnis zur Zeit des Vertragsabschlusses noch bestanden hatte[23].

In neuerer Zeit kann die begünstigte Partei die Lauterkeit ihres Verhaltens beim Vertragsschluß auch auf andere Weise nachweisen[24].

Andererseits genügt auch der Nachweis von independant advice nicht, wenn der beratende Anwalt nicht alle wesentlichen Fakten kannte[25].

Ein wichtiges Indiz für die Ausübung unlauteren Einflusses ist die Höhe der Zuwendung, denn je bedeutender der Betrag, desto unwahrscheinlicher ist es, daß die Schenkung oder das Testament auf ein vernünftiges Motiv zurückzuführen sind. Dagegen sind Schenkungen von geringerem Wert natürlich nicht anfechtbar, selbst wenn sie innerhalb eines verdächtigen Vertrauensverhältnisses erfolgen[26].

Wird ein Vertrag wegen undue influence aufgehoben, wirkt das auch gegen bösgläubige Dritte und gegen solche, die unentgeltlich Nutznießer einer unzulässigen Beeinflussung geworden sind[27]. Die Beweislast hat der Dritte. Daher müssen Gläubiger, die sich von jemandem Sicherheiten geben lassen wollen, der zu ihrem Schuldner in einem verdächtigen Vertrauensverhältnis steht, dafür sorgen, daß der Sicherungsgeber independant advice erhält[28].

Die Anfechtung wegen undue influence muß innerhalb eines nicht zu langen Zeitraums nach Beendigung des Einflusses erfolgen, andernfalls gilt die Verfügung als nachträglich genehmigt und der Willensmangel als geheilt. Die Gerichte haben jedoch keinen bestimmten Zeitraum festgelegt, nach dessen Ablauf die Anfechtung ausgeschlossen ist. Es kommt vielmehr auf die Umstände des Einzelfalles an. In *Allcard v.*

---

[23] Nach Auffassung von Scrutton, L.J. in Lancashire Loans Ltd. v. Black (1934) 1 K.B. 380, 404 wurde die „Hochwassermarke" um 1900 in den Urteilen von Farwell, L.J. in Powell v. Powell (1900) 1 Ch. 243 und Howes v. Bishop (1909) 2 K.B. 390 erreicht.

[24] Inche Noriah v. Shaik Allie Bin Omar (1929) A.C. 127; Lancashire Loans Ltd. v. Black (1934) 1 K.B. 380, 413; Chitty, Nr. 363; a. A.: Hanbury, vorletzte Auflage S. 614, 615. Nach Halsbury, 17. Bd. S. 675 Anm. u) hängen die Anforderungen, die an den Entlastungsbeweis gestellt werden, auch davon ab, ob common law- oder equity-Richter zu entscheiden haben.

[25] Wright v. Carter (1903) 1 Ch. 27.

[26] Kerr, S. 188.

[27] Halsbury, 17. Bd. S. 676 Nr. 1303; Archer v. Hudson (1844) 7 Beav. 551; Maitland v. Irving (1846) 15 Sim. 437; Cobbet v. Brocke (1855) 20 Beav. 524; Blackie v. Clark (1852) 15 Beav. 595; Allen v. Davis (1850) 4 De G. & Sm 133.

[28] Romilly, M.R. sagt in Sercombe v. Sanders (1865) 34 Beav. 382 (385): "It is important that creditors should understand that they cannot improve their security, taken from persons to whom they have given credit, by inducing them, at the last moment, to compel near relations, or persons under their influence, and not in a situation to insist their importunity, to pay their debts."

Skinner[29] wurde das Anfechtungsrecht nach sechs Jahren als verwirkt angesehen. In *Wright v. Vanderplank* [30] betrachtete das Gericht zehn-jähriges Schweigen nach dem Auszug des Kindes aus dem Elternhaus als Bestätigung der Zuwendung und in *Turner v. Collins*[31] genügte be-reits der Ablauf von sieben Jahren.

Die Abgrenzung von undue influence im engeren Sinn von den anderen unter den Sammelbegriff „undue influence" gefaßten Tat-beständen ist gelegentlich schwierig.

Der Wucher entwickelte sich durch die Lehre vom Verbot des Kaufs von „expectant heirs" und den „catching bargains" sowie durch die Moneylenders acts von 1900 bis 1927 in ähnlicher Weise wie im deutschen Recht, nur daß die Rechtsfolge Anfechtbarkeit und nicht Nichtigkeit ist.

Die Lehre von der Nichtaufklärung beim Vertragsschluß über-schneidet sich mit undue influence. Sie besagt, daß beim Abschluß von Verträgen „uberrimae fidei", namentlich innerhalb von Treueverhält-nissen, die eine Partei die andere über alle wesentlichen Tatsachen aufklären muß[32].

Zu den Treueverhältnissen, auf englisch „fiduciary relations", gehört auch die Mehrzahl der verdächtigen Vertrauensverhältnisse (suspected relations), die, wie dargestellt, die Vermutung von undue influence begründen. So wird etwa bei entgeltlichen Geschäften zwischen An-wälten und Klienten, trustees und beneficiaries volle Aufklärung des Klienten bzw. beneficiary gefordert[33].

Andere Treueverhältnisse, z. B. das zwischen Eheleuten oder zwischen principal und agent, sind keine verdächtigen Vertrauensverhältnisse. Daher ist es mißverständlich, wenn man gelegentlich liest, daß die Vermutung von undue influence bei Schenkungen innerhalb von „fiduciary relations" entstehe.

Die Drohung im equity-Recht (coercion) läßt sich im Vertragsrecht gut von undue influence trennen. Die Begriffe überschneiden sich jedoch im Testamentsrecht.

Einige englische Juristen weisen darauf hin, daß undue influence in den Lehrbüchern gewöhnlich bei den Willensmängeln behandelt werde, von dem weiten Begriff des „absence of consent" jedoch klar geschieden werden müsse. Das Schwergewicht liege bei der Lehre von undue influence nicht auf der Sorge, die Willenserklärung des schwächeren

---

[29] (1887) 36 Ch.D. 145.
[30] (1855) 2 K. & J. 1.
[31] (1871) 7 Ch.App. 329.
[32] Vgl. im einzelnen Kerr, S. 185 f.; Witterlin, S. 76.
[33] s. u. § 2 IV 2, V 1.

Vertragspartners könne fehlerhaft sein, sondern auf dem Appell an das Gewissen des Stärkeren, seinen Einfluß nicht zu mißbrauchen[34].

Dem ist insoweit zuzustimmen, als es der Klarheit diente, wenn nicht alle Willensmängel des equity-Rechts unter den Begriff „undue influence" gefaßt würden. Andererseits bedeutet die vermutete oder nachgewiesene Beeinflussung nichts anderes, als daß die schwächere Partei ihre Willensbildung nicht frei und wohlüberlegt treffen konnte. Daher kann man undue influence durchaus als Willensmangel bezeichnen.

Die Rechte der amerikanischen Bundesstaaten kennen im wesentlichen die gleichen equity-Regeln wie das englische Mutterrecht. So lautet etwa sec. 1575 des Civil Code of California:
„Undue influence besteht darin, daß

1) jemand, in den von einem anderen Vertrauen gesetzt wird, oder der eine wirkliche oder scheinbare Autorität über jemanden ausübt, dieses Vertrauen oder diese Autorität benutzt, um einen unfairen Vorteil zu erlangen;

2) ein unfairer Vorteil aus der Willensschwäche eines anderen gezogen wird; oder daß

3) jemand einen in grober Weise drückenden und unfairen Vorteil durch die Ausnutzung der Notlage eines anderen erreicht."

Diese Definition umfaßt also auch den Wucher.

Im folgenden soll das Recht der amerikanischen Bundesstaaten nur insoweit behandelt werden, als es von der englischen Rechtsprechung abweicht. Außerdem werden einige Entscheidungen amerikanischer Gerichte dargestellt, die interessante Beispiele unlauterer Beeinflussung zu Fallgruppen bieten, in denen englische Entscheidungen selten sind — beispielsweise im Verhältnis von Geistlichen zu ihren Gläubigen.

Auch das schottische Recht kennt die Anfechtbarkeit von Rechtsgeschäften wegen undue influence. Es gibt jedoch keine Vermutung bei Schenkungen an Vertrauenspersonen. Allerdings ist der Beweis unlauterer Beeinflussung leichter zu erbringen, wenn die Parteien in einem Treueverhältnis zueinander stehen. Als Treueverhältnisse werden beispielsweise angesehen: die Beziehungen zwischen Geistlichen und Gläubigen, Eltern und Kind, trustee und beneficiary sowie Anwalt und Klient[35].

Wenn die begünstigte Partei aufgrund von Indizien in die Situation kommt zu widerlegen, daß sie ihren Einfluß in unlauterer Weise aus-

---

[34] Winder, M.L.R. 1939 S. 103; Anson/Guest, S. 247.
[35] Walker, S. 542; Winder, L.Q.R. 1940 S. 97 ff.

geübt hat, ist die Frage, ob der Begünstigende independant advice gehabt hat, von wesentlicher Bedeutung[36].

II. Die „captation" des französischen Rechts

Das Werk Pothiers wirkte nicht nur auf die englische Rechtsprechung, sondern war auch grundlegend für die Schaffung des Code civil. Wie das ancien droit kennt daher auch das moderne französische Recht eine Reihe von incapacités beim Empfang unentgeltlicher Zuwendungen unter Lebenden oder von Todes wegen, und wie im ancien droit beruht die Nichtigkeit der Zuwendungen in diesem Fall darauf, daß „captation", unlautere Beeinflussung, vermutet wird[1]. Gemäß Art. 907 C.c. kann ein Vormund keine unentgeltlichen Zuwendungen von seinem volljährigen Mündel erhalten, bevor er Rechnung gelegt hat. Ärzte und Religionsdiener können weder durch Schenkung noch durch Testament etwas erlangen, wenn sie dem Verfügenden während seiner letzten Krankheit beigestanden haben (Art. 909 C.c.). Ein Gegenbeweis, etwa daß die Zuwendung aus Freundschaft erfolgt sei, ist nicht möglich. Einer Umgehung wird durch Art. 911 C.c. vorgebeugt, der Zuwendungen an Verwandte der vom Empfang ausgeschlossenen Personen sowie als entgeltliche Geschäfte getarnte Freigiebigkeiten für nichtig erklärt. Rechtsfolge ist nullité relative, das heißt, die Nichtigkeit tritt nur ein, wenn sie vom Beeinflußten oder seinem Rechtsnachfolger geltend gemacht wird.

Anwälte und Notare werden im Code civil von keiner incapacité betroffen.

Dagegen sind Testamente, die während einer Seereise abgefaßt wurden und Schiffsoffiziere begünstigen, nichtig (Art. 995 C.c.), und zwar gleichgültig, ob es sich um holographische oder um Seetestamente (Art. 988 f. C.c.) handelt. Begründet wird diese Regelung mit dem großen Einfluß, den die Offiziere über Besatzung und Passagiere erlan-

---

[36] Cleland v. Morrison (1878) 6 R. 156; Gray v. Binny (1879) 7 R. 332, 342.

[1] Eine ähnliche Regelung kennt Art. 953 des *niederländischen* bürgerlichen Gesetzbuches, sie bezieht sich allerdings nur auf letztwillige Verfügungen an Ärzte und Geistliche. Im *italienischen* Recht sind nur Vormünder und die Personen, die bei der Testamentserrichtung mitgewirkt haben, vom Empfang ausgeschlossen, Art. 595 ff. C.c. Schenkungen an den Vormund vor Genehmigung der Abrechnung oder vor Erlöschen des Anspruchs auf Rechnungslegung sind gem. Art. 779 C.c. nichtig.
Das *spanische* Recht bestimmt die Nichtigkeit testamentarischer Zuwendungen an Geistliche, die dem Kranken während seiner letzten Krankheit die Beichte abgenommen haben (Art. 752 C.c.), an Vormünder vor der Genehmigung der endgültigen Abrechnung (Art. 753) und an die Personen, die bei der Errichtung des Testaments mitgewirkt haben (Art. 754 C.c.). Ähnlich Art. 1769 C.c. von *Portugal* — durch Neufassung 1966 aufgehoben.

gen können (maîtres à leur bord après dieu). Dieser Einfluß entspreche dem der Ärzte und Geistlichen über die Kranken[2]. Schenkungen sind möglich, allerdings kann der Kapitän keine Schenkungsversprechen beurkunden, so daß nur Handschenkungen in Frage kommen. Die Beschränkung entfällt, wenn der Bedachte mit dem Erblasser verwandt oder verschwägert ist[3].

Kaufverträge zwischen Eheleuten sind gemäß Art. 1595 C.c. nichtig, Schenkungen bis zum Tode des Schenkenden ohne Angabe von Gründen widerruflich (Art. 1096 C.c.). Beide Regeln beruhen zunächst auf der Tendenz des napoleonischen Gesetzgebers, eine Änderung des durch den Ehevertrag festgelegten Güterstandes zu verhindern[4]. Das Verbot von Kaufverträgen soll zudem der Gläubigerbenachteiligung vorbeugen und verhindern, daß sich Ehegatten unter dem Deckmantel des Kaufvertrages Schenkungen machen, die den vom Gesetz hierfür vorgesehenen Anteil ihres Vermögens übersteigen (Art. 1094 ff. C.c.)[5]. Beide Vorschriften sollen schließlich auch die Gefahr einer unlauteren Beeinflussung ausschließen[6]. Mazeaud vertritt allerdings die Ansicht, Art. 1096 C.c. gebe eher zu der Befürchtung Anlaß, ein Ehegatte könne den anderen mit der Drohung, eine Schenkung zu widerrufen, erpressen[7]. Die Kommission zur Reform des Code civil will die Bestimmung aufheben[8].

Auch außerhalb der gesetzlichen Vermutungen kann man Schenkungen und Testamente wegen captation zu Fall bringen. Damit werden die Fälle erfaßt, die im englischen Recht unter domination fallen. Allerdings ist captation im Gesetz nicht geregelt und nur dann ein Nichtigkeitsgrund, wenn nachgewiesen wird, daß zugleich die Voraussetzungen der violence (rechtswidrige Drohung Art. 1111 - 1115 C.c.) oder des dol (arglistige Täuschung, Art. 1116 C.c.) vorliegen, wobei dol im Gegensatz zur Täuschung des § 123 BGB jede Art von unlauteren Machenschaften umfaßt[9].

---

[2] Planiol et Ripert, Bd. V, Nr. 244.

[3] Zu dieser Vorschrift gibt es keine Rechtsprechung. Dennoch will die Kommission zur Reform des Code civil sie auf die Piloten der zivilen Luftfahrt ausdehnen (Art. 932 av.proj.), statt sie, wie es Mazeaud, Bd. IV, 2. Halbband, Nr. 1358, empfiehlt, als überflüssig zu streichen.

[4] Mazeaud, Bd. IV, 2. Halbband, Nr. 1543; Gay, S. 191.

[5] Baudry/Lacantinerie et Saignant, n. 201.

[6] Julien, S. 79; Ripert et Boulanger, Bd. IV, n. 3835.

[7] Bd. IV, 2. Halbband, Nr. 1543.

[8] Art. 986 av.proj.

[9] Planiol et Ripert, Bd. V, Nr. 187, S. 271; s. u. § 3 VI.

III. Das Problem im deutschen Recht

Die Regeln des französischen Rechts über unlautere Ausnutzung von Vertrauensverhältnissen gingen nicht auf das römische Recht, sondern auf das droit coutumier, das altfranzösische Gewohnheitsrecht, zurück. Das römische Recht in Deutschland, das gemeine Recht, kannte keinen vergleichbaren Tatbestand[1]. Das Problem wird lediglich berührt in den gemeinrechtlichen Streitfragen, ob die Ausnutzung einer Zwangslage die gleiche Rechtsfolge wie die Erregung von Furcht (metus) nach sich ziehe[2], und ob „ungestümes Drängen" ausreiche, um — namentlich im Erbrecht — den Tatbestand des metus zu erfüllen.

In der gerichtlichen Praxis erlangte die letzte Frage in einem Fall[3] Bedeutung, in dem ein Arzt seinem Patienten während seiner letzten Krankheit derartig durch Quälen und Drängen zugesetzt hatte, daß der Patient, um endlich Ruhe zu haben, den Arzt zum Erben einsetzte. Das Landgericht Schlitz und das Hofgericht zu Giessen hielten das Testament für gültig. Das Hofgericht Giessen war der Ansicht, metus sei nur die Furcht vor einem bedeutenden Übel, nicht dagegen Unannehmlichkeiten, die durch ständiges Bitten entstanden seien. Das Oberappellationsgericht zu Darmstadt entschied gegen die beiden Vorinstanzen. Nach seiner Auffassung waren bei letztwilligen Verfügungen an die Freiheit der Willensbestimmung von jedem Zwang höhere Anforderungen zu stellen als bei anderen Rechtsgeschäften und das Testament somit ungültig.

Bei Schaffung des BGB dachte man trotz des Einflusses des Code civil offenbar nicht an einen Schutz schwächerer Vertragsparteien vor der Ausnutzung von Vertrauensverhältnissen. Die Motive erwähnen einen vergleichbaren Tatbestand weder im Zusammenhang mit der Drohung (§ 103 Entw.)[4], noch mit der Schenkung (§§ 437, 438 Entw.) oder der Testamentsanfechtung (§ 1780 Entw.).

Auch in den zahlreichen Entscheidungen des Reichsgerichts nach rheinischem bürgerlichen Recht findet sich keine Entscheidung zu Art. 907, 909 C.c.

---

[1] Zwar gab es eine Incapacität beim Empfang von Erbschaften, jedoch nur der Art, daß die Erbmöglichkeit der zweiten Ehefrau des Erblassers sowie seiner unehelichen Kinder und deren Mutter eingeschränkt war (Windscheid/ Kipp, Bd. III, S. 256 f.).
[2] Vgl. v. Blume, S. 225.
[3] Entscheidung des OAG Darmstadt von 1863 in Archiv für praktische Rechtswissenschaft, Neue Folge Bd. I, S. 345 f.
[4] Die Motive erklären allerdings metus reverentialis, Furcht oder Achtung von Ascendenten, im Rahmen der widerrechtlichen Drohung für unbeachtlich. Vgl. Art. 1114 C.c.; s. u. § 3 I.

Rechtsgeschäfte, die nach englischem und französischem Recht wegen undue influence bzw. Art. 907, 909, 911 C.c. und wegen captation vernichtbar sind, können in Deutschland im Einzelfall wegen Irrtums, Täuschung oder Drohung anfechtbar oder wegen Verstoßes gegen die guten Sitten gem. § 138 Abs. 1 BGB nichtig sein.

Als sittenwidrig wird ganz allgemein die eigennützige Ausnutzung einer Machtstellung angesehen, da der Grundsatz der Vertragsfreiheit ein gewisses Maß an Machtgleichgewicht voraussetzt, wenn er nicht zu einem Freibrief für die stärkere Partei werden soll[5]. Bekannt geworden ist diese Form des Verstoßes gegen die guten Sitten im Wirtschaftsrecht[6]. Die gleichen Regeln müssen jedoch auch im privaten Bereich gelten. Ferner kommt im deutschen Recht die Möglichkeit in Betracht, daß ein Vertrag wegen culpa in contrahendo im Wege des Schadensersatzes (§ 249 BGB) aufzuheben ist.

Da die unlautere Ausnutzung von Vertrauensverhältnissen in der deutschen Lehre und Rechtsprechung nur vereinzelt behandelt wird, soll im folgenden — nach der Darstellung des ausländischen Rechts — zunächst gezeigt werden, wie entsprechende Fälle nach deutschem Recht zu lösen wären, um auf diese Weise einige Leitsätze zur Ausfüllung der Generalklauseln der §§ 138 und 242 BGB zu gewinnen. Anschließend ist zu untersuchen, inwieweit eine Änderung des deutschen Rechts in Betracht zu ziehen ist.

---

[5] Staudinger/Coing, § 138 Allg. Bem., Anm. 7 a; Flume, § 18$_2$ee, S. 371 f.

[6] Stichworte „Monopolmißbrauch" (z. B. RGZ 143 S. 24; BGHZ 19 S. 85) und „Knebelung" (RGZ 130 S. 145).

§ 2 Das englische Recht

I. Das Verhältnis von Eltern und Kind

1. Entwicklung der Rechtsprechung

Die englischen equity-Gerichte haben Schenkungen von Kindern an ihre Eltern stets mit „jealousy", mit Argwohn, Besorgnis, betrachtet[1]. Auch wenn ein junger Mensch bereits volljährig ist und sich voll wirksam verpflichten kann, kann er doch noch unter dem Einfluß seiner Eltern stehen, weil er im elterlichen Hause wohnt oder von seinen Eltern unterhalten wird. Während ein reiferer Erwachsener auch nach englischem Recht nicht gehindert ist, seinen Eltern aus kindlicher Zuneigung ein Geschenk zu machen[2], soll der gerade Volljährige nicht nur vor dem Abschluß von Geschäften geschützt werden, die die Eltern durch Zwang und Furchterregung durchgesetzt haben, sondern auch vor Verträgen, die er aufgrund von ständigen Appellen an die geschuldete Liebe und Freundlichkeit unterzeichnet hat[3].

Der überwiegende Teil der englischen Entscheidungen zu dieser Gruppe von Fällen erging in der zweiten Hälfte des vorigen Jahrhunderts und befaßt sich mit Zuwendungen von Nachlaßanteilen, die dem Kind zugefallen sind, sowie mit der Übertragung von Anwartschaften am Familienvermögen.

Denkt man an den sozialen Hintergrund der victorianischen Zeit, versteht man, warum damals der Verlust des ererbten Vermögens besonders schwerwiegend war. Die maßgebenden Schichten der Gesellschaft lebten nicht von ihrem Beruf, sondern von ihrem Familienvermögen. Sah sich ein junger Mann vor die Notwendigkeit gestellt, mit seinem erlernten Beruf seinen Unterhalt zu verdienen, so bedeutete das bereits einen sozialen Abstieg. Nicht anders erging es gewöhnlich dem jungen Mädchen, das kein Geld in ihre zukünftige Ehe einbringen konnte.

---

[1] Wright v. Vanderplank (1855) 2 K. & J. 1, 9; Turner v. Collins (1871) 7 Ch. App. 329, 338.

[2] Farwell, J. in Powell v. Powell (1900) 1 Ch. 246.

[3] Turner v. Collins a.a.O. S. 340.

Zwei Entscheidungen aus dieser Zeit sind *Wright v. Vanderplank*[4] und *Bainbrigge v. Browne*[5]. Im ersten Fall hatte die Tochter ihrem Vater ein lebenslanges Nutzungsrecht an einem Teil des von ihrer Mutter geerbten Grundbesitzes geschenkt. Das Gericht hielt die Schenkung nicht für besonders ungewöhnlich, da der Vater dadurch nur solange er lebte Nutznießer seiner verstorbenen Frau wurde, eine Regelung, die sich in vielen Eheverträgen findet. Trotzdem wäre die Schenkung nach englischem Recht zunächst anfechtbar gewesen, weil der Vater nicht hatte beweisen können, daß es sich um einen spontanen Akt der Tochter gehandelt hatte, und daß sie bezüglich der Natur des Vertrages und ihrer eigenen Vermögensverhältnisse volle Kenntnis besaß. Nur weil die Klage zehn Jahre nach dem Auszug der Tochter aus dem Elternhaus erhoben wurde, ließ das Gericht die Schenkung bestehen[6].

Ähnlich wurde im zweiten Fall entschieden. Zwei Söhne und eine Tochter traten ihre Anwartschaften am Familienvermögen an Gläubiger ihres Vaters zur Sicherung seiner Schulden ab. Mit der Klage machten sie geltend, der Vater habe sie ein Jahr zuvor gedrängt, ihre Aktien in Grundbesitz umzutauschen. Mit diesem Geschäft hätten sie die streitige Abtretung verwechselt. Diese Behauptung hielt das Gericht nicht für erwiesen. Andererseits seien die Kinder nicht völlig der elterlichen Autorität entwachsen gewesen. Die Tochter lebte im elterlichen Hause und war noch nicht mit der Außenwelt in Kontakt gekommen. Die Söhne waren Studenten und mit rechtlichen Angelegenheiten nicht vertraut. Daher oblag es dem Vater zu beweisen, daß die Kinder die Vertragsurkunde unterzeichnet hatten, nachdem sie von einem unabhängigen Juristen beraten worden waren; ferner, daß sie alle Informationen über den Vertragsinhalt besessen und unbeeinflußt in der Absicht gehandelt hatten, ihm diesen Vorteil zukommen zu lassen. Da der Vater nicht einmal vor Gericht erschienen war, mußte die Klage gegen ihn Erfolg haben.

Die Klage gegen die Gläubiger des Vaters wurde jedoch abgewiesen. Zwar gilt gerade im Verhältnis von Eltern zu ihren Kindern der Grundsatz, daß Gläubiger, die sich von den Kindern Sicherheiten für die Schulden ihrer Eltern geben lassen, nachweisen müssen, daß die Kinder genau verstanden, worauf sie sich einließen, und nicht unter elterlichem Einfluß handelten[7]. Im vorliegenden Fall konnten sich die Gläubiger jedoch damit entlasten, daß sie nicht wußten, daß die Kinder noch

---

[4] (1855) 2 K. & J. 1.

[5] (1881) 18 Ch.D. 188.

[6] s. o. § 1 I.

[7] Berdoe v. Dawson (1865) 34 Beav. 603; London & Westminster Loan & Discount Co. v. Bilton (1911) 27 T.L.R. 184; Sercombe v. Sanders a.a.O., s. o. § 1 I Fußnote 28.

unter dem Dach des Vaters lebten und von ihm abhängig waren. Da ein Anwalt für den Vater und die Familie tätig gewesen war, konnten sie auch nicht wissen, daß die Kinder keinen unabhängigen Rechtsrat gehabt hatten.

Nach den gleichen Regeln wurde die Mehrzahl der Fälle zu undue influence zwischen Eltern und volljährigen Kindern im vorigen Jahrhundert entschieden[8].

Indessen kann man nicht sagen, daß jede Sicherheitsleistung eines Kindes für Schulden seines Vaters für anfechtbar gehalten wurde. In *Thornber v. Sheard*[9] hatte sich der Vater der Klägerin, als er in finanzielle Schwierigkeiten geraten war, von einem Bekannten, Sheard, Geld geliehen. Sheard hatte zunächst auf eine Sicherheit verzichtet. Die Klägerin war zu dieser Zeit noch minderjährig, äußerte aber schon damals, wie dankbar sie Mr. Sheard wäre, und daß sie, wenn sie nach Erreichen der Volljährigkeit über ihr Vermögen verfügen könne, für die Schulden des Vaters Sicherheit leisten wolle. Sechs Monate nach Erreichen der Volljährigkeit unterzeichnete sie einen entsprechenden Vertrag. Das Gericht war der Ansicht, der Gläubiger habe keinerlei unfaire oder arglistige Mittel angewandt, noch sich die Arglist anderer zunutze gemacht, um die Sicherheit zu erhalten. Die bloße Tatsache, daß eine Tochter ohne Gegenleistung für die Schulden ihres Vaters aufkomme, wenn dieser sich in Schwierigkeiten befinde, reiche nicht aus, um undue influence anzunehmen[10].

Die Rechtsprechung des vorigen Jahrhunderts gipfelt in der Entscheidung *Powell v. Powell*[11]. Die Strenge, mit der die Vermutung angewandt wurde, erreichte hier ihren Höhepunkt. Zugleich bietet der Sachverhalt das deutlichste Beispiel von Ausnutzung elterlicher Autorität.

Die Klägerin wurde unmittelbar nach Erreichen der Volljährigkeit von der Beklagten, ihrer Stiefmutter, in deren Haus sie lebte, gedrängt, das von ihrem Vater und ihrer Mutter geerbte Vermögen mit der Stiefmutter und den Stiefschwestern zu teilen. Dabei wurde ihr ein Brief

---

[8] Savery v. King (1856) 5 H.L.C. 627; Davies v. Davies (1863) 4 Giff. 417; Berdoe v. Dawson (1865) 34 Beav. 603; Chambers v. Crabbe (1865) 34 Beav. 457; Baker v. Bradley (1855) 7 De G. M. & G. 597; Hoblyn v. Hoblyn (1889) 41 Ch.D. 200; Turner v. Collins (1871) 7 Ch.App. 329; Bury v. Oppenheim (1859) 26 Beav. 594.

[9] (1850) 12 Beav. 589.

[10] Ein anderer Ausnahmefall ist Farrant v. Blancheford (1863) 1 De G.J. & S. 107: Der Vater hatte zusammen mit einem Mr. Bidwill das Vermögen des Klägers während dessen Minderjährigkeit verwaltet und dabei Veruntreuungen begangen. Der Kläger erklärte dem schwerkranken Vater gegenüber, er finde sich mit den Veruntreuungen ab, wollte nach dem Tod des Vaters jedoch gegen Bidwill vorgehen. Das Gericht wies die Klage ab.

[11] (1900) 1 Ch. 243.

ihres Vaters vorgehalten, in dem der Vater einen entsprechenden Wunsch geäußert hatte. Bei der Unterzeichnung des Vertrages wirkte der gleiche Anwalt für beide Parteien mit. Die Klage richtete sich auch gegen ihn. Er trug im Prozeß vor, daß nichts, was er der Klägerin habe raten können, deren Entschluß geändert hätte.

Das Gericht (Farwell, J.) gab der Klage statt. Das Verhältnis Eltern-Kind sei der typische Fall eines verdächtigen Vertrauensverhältnisses. Wenn ein Elternteil oder eine Person in loco parentis eine Zuwendung von dem gerade volljährigen Kind erhalte, trage der Begünstigte die Beweislast, daß der Schenker entweder von seinem Elternhaus emanzipiert war, oder, daß er durch den Rat eines unabhängigen Juristen so gestellt wurde, als sei er emanzipiert. Der Rat des Anwalts soll also die mangelnde Reife ersetzen. Daraus folgt, daß ein Anwalt nicht für beide Parteien tätig sein und daß er sich nicht damit begnügen darf, dem jugendlichen Schenker die Konsequenzen des Geschäfts zu erklären. Er muß ihn vielmehr nach Ansicht von Farwell, J., von einer für ihn gefährlichen Schenkung abhalten und, wenn ihm das nicht gelingt, die Mitwirkung verweigern. Das heißt, daß ein gerade volljährig Gewordener sein Vermögen nicht seinen Eltern schenken kann, es sei denn, es werde ein Widerrufsvorbehalt in den Vertrag aufgenommen. Darin liege, so betont Richter Farwell, keine übermäßige Bindung der Freiheit des Gebers, sondern eine Fessel für das Gewissen des Empfängers.

Obwohl der Richter entsprechend der zu diesem Zeitpunkt bereits gefestigten Rechtsprechung allein aufgrund der Vermutung entschied, stellte er in seiner Entscheidung durchaus konkrete Anhaltspunkte für eine unzulässige Einflußnahme der Stiefmutter fest. Der Brief des Vaters, den sie der Klägerin vorgehalten hatte, war sechs Jahre vor seinem Tod verfaßt. Zu dieser Zeit hatte er offenbar Streit mit seiner Tochter. Als der Vater starb, lebte die Tochter in einem belgischen Internat. Es war also keineswegs sicher, ob der Brief seinen letzten Willen darstellte. Außerdem waren der Klägerin immer wieder Vorhaltungen gemacht worden, so daß sie sich als „sozialer Paria" (Farwell, J.) vorgekommen wäre, wenn sie dem Vertrag nicht zugestimmt hätte.

Die neuere Entwicklung der Rechtsprechung über Schenkungen von Kindern an ihre Eltern zeigt sich in *Lancashire Loans Ltd. v. Black*[12] und *Bullock v. Lloyds Bank Ltd.*[13].

Im ersten Fall hatte die Klägerin mit 18 Jahren geheiratet und das elterliche Haus verlassen. Ihre Mutter war sehr verschwenderisch und lieh sich oft Geld von Geldverleihern. Die Tochter brachte, als sie großjährig wurde, unter Belastung ihrer Anwartschaft am Nachlaß

---

[12] (1934) 1 K.B. 380.
[13] (1955) Ch. 317.

ihres Großvaters £ 2.000 auf, um die Schulden der Mutter zu bezahlen.
Die Mutter fuhr jedoch fort, Schulden zu machen, und bat ihre Tochter
bereits ein Jahr später, mit ihr zusammen ein Schuldanerkenntnis in
Höhe von £ 775 zu unterschreiben, damit sie weiterhin Geld leihen
könnte. Der Mutter wurden nur £ 200 als neues Darlehen ausgezahlt,
der Rest sicherte ihre alte Schuld bzw. einen sog. Bonus und 85 %
Zinsen.

Zur Sicherung des Schuldanerkenntnisses belastete die Tochter ihre
Anwartschaft noch einmal. Sie unterzeichnete den Vertrag lediglich auf
Bitten ihrer Mutter, ohne den Inhalt im einzelnen zu verstehen. Der
einzige Rat, den die Tochter erhielt, war der des Rechtsanwalts, der
auch für die Mutter und die Geldverleiher handelte und der die Verträge
aufsetzte.

In der ersten Instanz entschied der Richter, daß die Tochter dem Einfluß der Mutter entwachsen gewesen sei, weil sie verheiratet war und
mit ihrem Mann zusammenlebte. Er hielt das Geschäft jedoch für
wucherisch und verurteilte Mutter und Tochter lediglich zur Zahlung
des geschuldeten Kapitals. Das Berufungsgericht hob die von der Tochter
unterzeichneten Verträge auf. Es war der Ansicht, das Vertrauensverhältnis zwischen Tochter und Mutter höre nicht von selbst auf, wenn
eine Tochter heirate. Diese Frage sei vielmehr von Fall zu Fall zu prüfen. Hier habe die Tochter trotz ihrer Heirat unter dem Einfluß der Mutter gestanden. Der Mann der Tochter habe wenig verdient, sie habe
ihre Mutter deshalb mehrfach um Unterstützung gebeten und sie immer
großzügig gefunden. Es habe auch große gegenseitige Zuneigung bestanden. Unter diesem Einfluß habe die Tochter, um ihrer Mutter zu
helfen, den Vertrag unterzeichnet und damit praktisch ihr ganzes Vermögen geopfert. Der Rechtsanwalt, der für die Mutter und die Geldverleiher handelte, habe über das Verhältnis zwischen Mutter und Tochter Bescheid gewußt. Seine Kenntnis müsse den Geldverleihern ange-
rechnet werden. In dieser Entscheidung, die 34 Jahre nach Powell v.
Powell erging, wies Scrutton, L. J., darauf hin, daß — im Gegensatz
zu Farwell, J. — in neuerer Zeit vor allem Gerichte, in denen common
law-Richter urteilten, dazu neigten, die Umstände, daß es sich um eine
Schenkung von einem Kind an seine Eltern handle, sowie, daß das
Kind nicht von einem unabhängigen Anwalt beraten worden sei, nur
noch als Indizien für die Ausübung von undue influence anzusehen[14].
Zugleich betonte der Court of Appeal jedoch, daß die Tochter im vor-
liegenden Fall beim Abschluß des Vertrages von einem unabhängigen
Anwalt hätte beraten werden müssen[15].

---

[14] S. 404, Scrutton, L.J.
[15] S. 414, Lawrence, L.J.

Der zweiten Entscheidung, *Bullock v. Lloyds Bank Ltd.*, liegt folgender Sachverhalt zugrunde: Die Klägerin hatte von ihrer verstorbenen Mutter £ 12.000 geerbt. Auf Anraten ihres Vaters legte sie durch einen Vertrag mit dem Vater und der beklagten Bank ihr Vermögen in einer Weise fest, daß sie nicht mehr über das Kapital verfügen konnte. Außerdem sollte es, wenn sie es nicht ihrem Mann oder ihren Nachkommen vermachte, nach ihrem Tod auf den Vater bzw. ihre Brüder übergehen. Der Vorteil, den der Vater durch den Vertrag erhielt, war also äußerst gering. Der Nachteil für die Tochter bestand darin, daß sie von der Substanz ihres Vermögens nichts in ihre geplante Schauspielkarriere investieren oder ihren Kindern zu Lebzeiten schenken konnte. Die ganze Familie befand sich zur Zeit des Vertragsabschlusses in großen Schwierigkeiten. Das Gericht stellte ausdrücklich fest, der Vater habe in völlig sauberer Art und Weise gehandelt und den Vertrag keineswegs aus selbstsüchtigen Motiven angeregt. Er habe jedoch nicht, wie es notwendig gewesen sei, einzig und allein (mit „single-eyed concentration") auf die Interessen seiner Tochter geachtet. Außer ihm hatte nur sein eigener Anwalt das Mädchen beraten. Zwar war das Gericht der Ansicht, das Mädchen habe den Vertragsinhalt verstanden. Das genüge aber nicht. In diesem Falle habe es vielmehr des Beistandes eines sachkundigen Beraters bedurft, der ihr gesagt hätte, daß der Vertragsentwurf eingehender Diskussion bedürfe, daß sie in keiner Weise zum Abschluß des Vertrages verpflichtet, und daß dies nicht die einzige Form sei, in der sie ihr Vermögen anlegen könne.

In diesem Fall wurde undue influence also deshalb angenommen, weil der Vater und sein Anwalt das Mädchen den Vertrag unter ihrem Einfluß unterschreiben ließen, ohne daß sie zuvor den Entwurf Punkt für Punkt, auch mit Rücksicht auf andere Alternativen, mit ihr durchgesprochen hätten.

In einer Entscheidung aus dem Jahre 1964[16] wurde ebenfalls betont, daß die Vermutung von undue influence auch heute noch gilt, wenn Kinder ihren Eltern eine Schenkung machen. Diese Regelung sei deshalb von besonderem Wert, weil die Tatsachen oft durch Zeitablauf oder durch den Tod einer Partei verschleiert seien.

Einerseits hat sich also die extreme Ansicht Richter Farwells nicht durchgesetzt. Eine unwiderrufliche Schenkung kann im Einzelfall gültig sein, auch wenn der unabhängige Berater dem Kind nicht von dem Geschäft abgeraten hat oder wenn er zwar abgeraten hat, das Kind ihm jedoch nicht gefolgt ist.

---

[16] Re Pauling's Settlement Trusts (1964) Ch. 303, 336.

3*

Andererseits führten die in Lancashire Loans Ltd. v. Black (1934)[17] anklingenden Zweifel nicht dazu, daß die neuere Rechtsprechung die Vermutung von undue influence im Verhältnis von Eltern zu ihren Kindern als unzeitgemäß aufgegeben hätte.

Allerdings stellt der Nachweis von independant advice auch im Rahmen dieses Vertrauensverhältnisses nicht mehr die einzige Entlastungsmöglichkeit dar[18]. Wenn das Kind jedoch bei Vertragsschluß gerade erst 21 Jahre alt geworden war, wenn es mit seinen Eltern zusammenwohnte und in rechtlichen Dingen keine Erfahrung besaß, wenn die Schenkung sein ganzes Vermögen oder einen großen Teil davon umfaßt und ein Rückforderungsrecht fehlt, ist es schwierig, die Vermutung von undue influence zu widerlegen. Kommen alle diese Merkmale — möglicherweise in besonders starker Form — zusammen, kann es durchaus sein, daß der Vertrag nur durch den Nachweis unabhängiger rechtlicher Beratung aufrechterhalten werden kann[19].

2. Ausdehnung auf Personen „in loco parentis"

Die dargestellten Grundsätze gelten auch zwischen Personen, von denen die eine Elternstelle an der anderen vertritt. Das sind nicht nur Stiefeltern[20], sondern auch der Onkel, in dessen Familie ein Neffe oder eine Nichte aufgewachsen ist[21], und ältere Geschwister, die gegenüber den jüngeren in eine Elternrolle hineingewachsen sind.

In *Harvey v. Mount*[22] hatten zwei Schwestern seit dem Tode ihrer Eltern zusammengelebt. Die ältere hatte dabei für alles gesorgt, so daß sie der jüngeren sogar die Kleider kaufte. Als die ältere Schwester heiraten wollte — sie hatten zu diesem Zeitpunkt beide die Fünfzig überschritten —, hatte die jüngere Angst davor, plötzlich auf sich allein gestellt zu sein. Sie übertrug daher ihr gesamtes Vermögen auf den zukünftigen Ehemann der Schwester mit der Auflage, daß die ältere Schwester sie weiterhin bis zu ihrem Lebensende mit Essen, Trinken, Kleidung und Arzneimitteln versorgen sollte. Täte sie das nicht oder nicht in ausreichendem Maße, sollte der Ehemann das Einkommen aus dem übertragenen Vermögen an die jüngere Schwester auszahlen. Das Gericht hob mehrere kritische Punkte dieses Vertrages hervor: die

---

[17] 1 K.B. 380.
[18] Re Pauling's Settlement Trusts a.a.O.
[19] Halsbury, Bd. 17, S. 678, Nr. 1307.
[20] Powell v. Powell (1900) 1 Ch. 243; Kempson v. Ashbee (1874) 10 Ch.App. 15; Everitt v. Everitt (1870) 10 Eq. 405; Beasley v. Magrat (1804) 2 Sch. & Lef. 31.
[21] Archer v. Hudson (1844) 7 Beav. 551; Dawson v. Massey 1 Ball & B. 219.
[22] (1845) 8 Beav. 439.

ältere Schwester hatte in den Jahren ihres Zusammenlebens erheblichen Einfluß über die jüngere gewonnen. Dazu kam die Angst der jüngeren vor der Zukunft. Ferner: wer sollte entscheiden, ob die Versorgungsleistungen angemessen seien? Die Frage der Wohnung war in dem Vertrag nicht geregelt. Zwar hatten die Eheleute eine Wohnung für die jüngere Schwester in ihrem Haus vorgesehen, was aber sollte geschehen, wenn es zu Mißstimmigkeiten zwischen den Parteien kam? Trustee und somit „Schiedsrichter" zwischen den Parteien war der Ehemann der älteren. Es fehlte ein Widerrufsrecht, und schließlich hatte die jüngere Schwester nicht ihren gewöhnlichen Anwalt, sondern einen fremden beim Abschluß des Vertrages konsultiert. Das Gericht kam zu dem Schluß, daß der Vertrag bei Abwägung aller dieser Umstände nach keiner equity-Regel Bestand haben könne, selbst wenn er nicht durch arglistiges Verhalten zustande gekommen sei.

Auch weniger verdächtige Geschäfte wurden von den englischen Gerichten aufgehoben, weil sie die älteren Geschwister der Verfügenden begünstigten und weil nicht nachgewiesen wurde, daß die jüngeren Geschwister beim Vertragsschluß von einem unabhängigen Anwalt beraten worden waren[23].

Lebt dagegen ein junger Mensch mit einem älteren Freund zusammen, ohne daß dieser Elternstelle an ihm vertritt, entsteht die Vermutung nicht. Trotzdem kann im Einzelfall undue influence in Form von domination vorgelegen haben. Der klassische Beispielsfall ist *Smith v. Kay*[24]. Johnston, ein erwachsener Mann, hatte Einfluß über einen Minderjährigen, Kay, gewonnen, von dem er wußte, daß er nach seiner Volljährigkeit über ein beträchtliches Vermögen verfügen würde. Er verleitete den jüngeren dazu, mit ihm ein ausschweifendes Leben zu führen, und ließ sich von ihm Wechsel in Höhe von über £ 53.000 unterzeichnen, um dieses Leben zu finanzieren. Mit den Wechseln beschaffte er Geld von zwei Freunden, Smith und Adams, denen er sagte, Kay würde die Wechsel nach Erreichen der Volljährigkeit anerkennen. Kurz vor seinem 21. Geburtstag erzählte Johnston Kay, die Wechsel befänden sich in Umlauf in der Hand von gutgläubigen Erwerbern und würden demnächst präsentiert werden. Es wäre in Kays Interesse, wenn sie in der Hand eines oder zweier Bekannten wären. Seine Freunde Smith und Adams seien bereit, sie aufzukaufen, wenn ihnen Sicherheiten dafür gegeben würden. Kay willigte ein und unterschrieb unmittelbar nach seiner Volljährigkeit die entsprechenden Anerkenntnisse und Siche-

---

[23] Sharp v. Leach (1862) 31 Beav. 491: Bruder rät Schwester zu einem settlement, ähnlich wie Bullock v. Lloyds Bank Ltd. s. o. Fußnote 13; Sercombe v. Sanders (1865) 34 Beav. 382: Kläger leistete für seine beiden älteren Brüder Sicherheit.

[24] (1859) 7 H.L.C. 749.

rungsverträge. In Wirklichkeit waren die Wechsel nie im Umlauf gewesen, sondern bei Smith und Adams geblieben, die von der falschen Behauptung Johnstons Kay gegenüber wußten.

Das House of Lords hielt die Sicherheitsleistungen nicht nur wegen arglistiger Täuschung (misrepresentation), sondern auch wegen undue influence für anfechtbar. Johnston habe als erwachsener Freund und als derjenige, der ihm dazu verhalf, ein Leben nach seinen überspannten Vorstellungen zu führen, einen beherrschenden Einfluß über Kay besessen und diesen Einfluß, wie die Gesamtheit der Umstände zeige, planmäßig ausgenutzt. Daher sei Kay weder rechtlich noch moralisch verpflichtet, irgendetwas an Johnston, Smith oder Adams zu zahlen, außer dem, was Johnston nachweislich für ihn ausgegeben habe.

3. Ausnahme von der Vermutung im Fall des „family arrangements"

Die englischen Gerichte machen eine Ausnahme von der Vermutung von undue influence, wenn die Vermögensverschiebung ein sogenanntes family arrangement ist. Da das Kindesvermögen während der Minderjährigkeit oft in einem settlement zugunsten des Kindes festgelegt ist, wird in diesen Fällen bei Erreichen der Volljährigkeit ein resettlement vorgenommen, um der Tatsache, daß der Jugendliche nun selbst verfügungsberechtigt ist, Rechnung zu tragen und zugleich die finanzielle Sicherheit der Familienmitglieder, die keine Anwartschaft auf das Familienvermögen haben, zu gewährleisten.

Daher wurde in *Hartopp v. Hartopp*[25] ein Vertrag aufrechterhalten, in dem sich der Kläger unter dem Einfluß seines Vaters verpflichtet hatte, seiner Mutter nach dessen Tod eine Witwenrente zu zahlen und der vorsah, daß der jüngere Bruder des Klägers dessen Tochter in der Erbfolge vorgehen sollte. In *Wycherley v. Wycherley*[26] hatte der Sohn unter ähnlichen Umständen darin eingewilligt, seinen beiden Schwestern nach dem Tod des Vaters je £ 500 zukommen zu lassen, und in *Bentley v. Mackay*[27] drängte ein Testamentsvollstrecker zwei Schwestern, die bedürftige Familie ihres verschwenderischen Bruders mit £ 200 jährlich zu unterstützen. In allen diesen Fällen hielt das Gericht die Vereinbarung für vernünftig und die Einflußnahme somit für rechtmäßig. Daher kann bei einem family arrangement auch der Nachweis von independant advice fehlen, ja, es wird sogar für erträglich gehalten, wenn die Vertragsparteien den Vertrag nicht ganz verstanden haben[28],

---

[25] (1855) 21 Beav. 259; ähnlich Jenner v. Jenner (1860) 2 De G.F. & J. 359.
[26] (1763) 2 Eden 175.
[27] (1862) 31 Beav. 143.
[28] Baker v. Bradley (1855) 7 De G.M. & G. 597 (620, Turner, L.J.).

was bei den oft sehr komplizierten settlements sicher nicht selten der Fall gewesen sein wird.

Dagegen ist es unerheblich, wenn der Vater im Prozeß vorträgt, nach seiner Ansicht sei der Familie am besten gedient gewesen, wenn das Vermögen seines Kindes zur Erweiterung seines Geschäfts verwendet werde[29]. Soweit der Vater selbst im Rahmen eines resettlement begünstigt wird, kann eine solche Vertragsbestimmung aufgehoben werden[30].

Ein family arrangement liegt auch dann nicht vor, wenn der Sohn das von seiner Mutter geerbte Vermögen mit seiner Stiefmutter und seinen Stiefgeschwistern teilt; denn in diesem Fall würden diese Vermögensteile nicht in der Familie des Sohnes bleiben, sondern auf die vom Vater neu gegründete Familie übergehen[31].

Schließlich kann eine Schenkung auch dann nicht als family arrangement gerechtfertigt werden, wenn sie dazu dienen soll, die Eltern für während der Minderjährigkeit des Kindes aufgewandte Unterhalts- und Erziehungskosten zu entschädigen[32]. Den Grund dafür nennt Lord Northington, L. C., in einem obiter dictum[33]; wolle man anders entscheiden, erkenne man damit einen — zumindest moralischen — Anspruch auf Rückzahlung von Ausbildungskosten an. Das liefe jedoch darauf hinaus, daß dem Kind während seiner Minderjährigkeit Verpflichtungen gegenüber seinen Eltern entstehen könnten, während es zu dieser Zeit vor Verbindlichkeiten gegenüber allen anderen geschützt sei.

II. Eheleute und Verlobte

1. Die Beziehung zwischen Eheleuten

Es gibt im englischen Recht keine Vermutung dafür, daß der Ehemann seine Frau auf unlautere Weise beeinflußt hat, wenn er eine unentgeltliche Zuwendung von ihr erhält[1]. In *Howes v. Bishop* wurde das damit begründet, daß es ein natürliches Bedürfnis der Ehefrau sei, ihrem Mann in Schwierigkeiten zu helfen (Lord Alverstone, C. J.) und daß es für das eheliche Leben untragbar sei, wenn sie bei jeder Verfügung

---

[29] Bury v. Oppenheim (1859) 26 Beav. 594.

[30] Hoblyn v. Hoblyn (1889) 41 Ch.D. 200; Hoghton v. Hoghton (1852) 15 Beav. 278.

[31] Turner v. Collins (1871) 7 Ch.App. 329.

[32] Carpenter v. Heriot (1759) 1 Eden 338.

[33] In Wycherley v. Wycherley (1763) 2 Eden 175 (180).

[1] Grigby v. Cox (1750) 1 Ves.Sen. 517; Nedby v. Nedby (1852) 5 De G. & Sm. 377; für eine andere Auffassung spricht lediglich ein obiter dictum in Parfitt v. Lawless (1872) L.R. 2 P. & M. 462, 468.

zugunsten ihres Mannes den Rat eines unabhängigen Anwalts einholen müsse (Farwell, L. J.)[2]. Trotzdem kann es bei Geschäften zwischen Mann und Frau von großer Bedeutung sein, ob die Frau den Rat eines unabhängigen Anwalts erhalten hat.

In *Heseltine v. Heseltine*[3] hatte die Ehefrau unter anderem Aktien im Wert von zusammen £ 60.000 auf den Namen ihres Mannes übertragen. Nach dem Scheitern der Ehe forderte sie sie von ihm zurück. Der Mann hatte ihr gesagt, die „Transaktion", wie er sich ausdrückte, sei notwendig, damit er und ihre vier Kinder im Falle ihres Todes weniger Erbschaftssteuern bezahlen müßten.

Bei einem derartigen Geschäft wird im englischen Recht nicht vermutet, daß die Frau ihrem Mann die Aktien schenken wollte[4]. Es wird vielmehr davon ausgegangen, daß der Mann die Aktien als trustee für seine Frau zu verwenden hat, wenn er nicht die Absicht seiner Frau, ihn zu beschenken, nachweisen kann[5].

Hier hatte der Mann, als er seiner Frau zu der Transaktion riet, nie das Wort „Schenkung" gebraucht. Die Frau pflegte ihm alles Geschäftliche zu überlassen. Wie sich aus ihrer Vernehmung ergab, war es nicht ihre Absicht, ihn zu bereichern, sondern die ganze Familie für den Fall ihres Todes vor höheren Steuern zu bewahren.

Das Gericht bemängelte — zum ersten Mal in der Reihe der einschlägigen Entscheidungen —, daß die Frau nicht von einem unabhängigen Anwalt beraten worden war, wohingegen der Mann seinen Anwalt konsultiert hatte.

Es handelte sich nicht eigentlich um einen Fall von undue influence, da nicht darum gestritten wurde, ob die Schenkung auf faire Weise zustande gekommen war, sondern darum, ob die Frau überhaupt mit Schenkungsabsicht gehandelt hatte, als sie die Aktien auf den Namen ihres Mannes übertrug. Im Ergebnis geht es jedoch um das gleiche Problem: der Mann muß zeigen, wie er zu den Aktien gekommen ist, wenn der Anschein dafür spricht, daß er sie nicht behalten darf. Dazu gehört auch der Nachweis, daß seine Frau die rechtliche Tragweite der Übertragung überblicken konnte.

Auch in den Fällen, in denen feststeht, daß die Frau ihren Mann begünstigen wollte, kann das Fehlen von independant advice erheblich sein.

---

[2] (1909) 2 K.B. 390.

[3] (1971) 1 All E.R. 952.

[4] Halsbury, 19. Bd. S. 835, § 1361 — wohingegen bei Übertragung von Aktien vom Mann auf die Frau Schenkung vermutet wird, Halsbury, S. 832 § 1360.

[5] Halsbury, 19. Bd. S. 835, § 1361.

Die Beziehung zwischen Eheleuten stellt zwar kein verdächtiges Vertrauensverhältnis dar, es gehört jedoch zu den „fiduciary relations", d. h. die Eheleute schulden einander volle Aufklärung über alle wichtigen Tatsachen, wenn sie einen Vertrag miteinander schließen[6]. Gewährt die Ehefrau den Gläubigern ihres Mannes unter seinem Einfluß Sicherheiten für seine Schulden, so ist der Einfluß, der ausgeübt wird, an sich nicht unlauter (undue). Anders ist es jedoch, wenn ihr wichtige Fakten verschwiegen werden[7], oder wenn sie den Inhalt des Vertrages nicht versteht[8]. In diesem Fall steht den Gläubigern die Sicherheit nur zu, wenn sie entweder nicht wußten, daß die Sicherheiten von der mit dem Schuldner zusammenlebenden Ehefrau gegeben wurden, oder wenn sie ihrerseits dafür gesorgt hatten, daß die Frau unabhängigen Rechtsrat erhielt.

Ebenso ist es in den Fällen, in denen unlautere Beeinflussung der Frau durch den Mann nachgewiesen wurde.

In *Bank of Montreal v. Stuart*[9] klagte eine Ehefrau auf Aufhebung der Verfügungen, die sie zugunsten ihres Mannes der beklagten Bank gegenüber vorgenommen hatte. Ihr Mann war persönlich haftender Gesellschafter einer Zellulosefabrik. Zur Sanierung dieses Betriebes hatte er bereits $ 100.000 aus dem Vermögen seiner Frau investiert. Er benötigte jedoch einen weiteren Kredit von $ 100.000, wenn die Firma wieder gesunden sollte. Die beklagte Bank war bereit, den Kredit zu geben, wenn ihr ausreichende Sicherheiten gegeben würden. Die Sicherheiten leistete wieder die Ehefrau. Später erhob sie Klage mit der Begründung, die Bank habe beim Vertragsabschluß unfair gehandelt. Es stellte sich heraus, daß sie alles unterzeichnete, was ihr Mann ihr vorlegte, ohne es zu prüfen. Sie war schwer körperbehindert, auf ihren Mann angewiesen und vertraute ihm grenzenlos. Die Vertragsbedingungen waren äußerst hart. So sollte sie entgegen den vorangegangenen Vereinbarungen nicht nur für die gegenwärtigen, sondern auch für die zukünftigen Verbindlichkeiten des Mannes haften. Da schon bei Vertragsschluß praktisch feststand, daß er den Kredit nicht würde zurückzahlen können, verlor sie auf diese Weise ihr gesamtes Vermögen. Dem Mann war das jedoch gleichgültig. Er hatte nichts zu verlieren und nutzte das Vertrauen seiner Frau aus, um sein Geschäft vielleicht wieder nach oben zu bringen.

---

[6] Groves v. Perkins (1834) 6 Sim. 576.

[7] Turnbull & Co. v. Duval (1902) A.C. 429.

[8] Chaplin & Co. Ltd. v. Brammal (1908) 1 K.B. 233; Bischoff's Trustees v. Frank (1903) 89 L.T. 188.

[9] (1911) A.C. 120, Entscheidung des Privy Council in einer Beschwerde gegen den Supreme Court of Canada.

Nach Ansicht des Privy Council handelte auch der Anwalt, der den Vertrag aufgesetzt hatte, der Klägerin gegenüber unfair, gleichgültig, ob mit Absicht oder nicht, er konnte gar nicht anders handeln, weil er Anwalt der Bank und zugleich des Mannes sowie Anteilseigner an dessen Geschäft war. Er durfte daher ohne Hinzuziehung eines anderen, unabhängigen Anwalts zur Beratung der Ehefrau nicht beim Vertragsschluß mitwirken. Sein Verhalten mußte sich die Bank anrechnen lassen.

Daher wurde der Vertrag aufgehoben. Auch in dieser Entscheidung wurde jedoch betont, daß eine Vermutung für die Ausübung von undue influence durch das Verhältnis von Eheleuten untereinander nicht hervorgerufen werde.

2. Geschäfte zwischen Verlobten

Etwas anderes gilt dagegen für die Zuwendungen unter Verlobten, von denen wenigstens bis vor einiger Zeit angenommen wurde, daß sie von der Vermutung betroffen würden[10].

In *Cobbet v. Brock*[11] belastete eine junge Frau ihr Grundstück mit einer Hypothek zugunsten der Lieferanten ihres Verlobten. Das Gericht entschied, daß die Zuwendungen dem Verlobten gegenüber keinen Bestand haben könnten, daß die Hypothek jedoch den Lieferanten zuständе, da sie ausdrücklich auf unabhängiger Rechtsberatung der Verlobten bestanden und eine Bestätigung darüber verlangt hätten. Mehr hätten sie nicht tun können. Außerdem gaben sie eine Gegenleistung, indem sie die Schuld des Verlobten stundeten.

Die Unterscheidung der Rechtsprechung zwischen Verlobten und Verheirateten ist gelegentlich auf Ablehnung gestoßen. So meinte Hanbury in der Vorauflage von „Modern Equity", es sei eigenartig anzunehmen, eine Verlobte bringe ihrem zukünftigen Mann blindes Vertrauen entgegen, emanzipiere sich jedoch gleich nach der Heirat von seinem Einfluß[12].

In der Praxis sind nur wenige Fälle bekannt, die sich mit undue influence unter Verlobten beschäftigen. In keinem wäre es notwendig

---

[10] Dagegen wird dieses Verhältnis in den amerikanischen Entscheidungen so behandelt wie das zwischen Eheleuten.

[11] (1855) 20 Beav. 524.

[12] S. 614; merkwürdig erscheint auch eine Entscheidung, in der angenommen wurde, die Zuwendung einer Frau an den Mann, mit dem sie glaubte verheiratet zu sein, sei aufgrund der Vermutung von undue influence anfechtbar. Der Mann hatte nach dem Tod seiner Frau deren Schwester geheiratet. Solche Ehen waren nach damaligem Recht nichtig. In diesem Fall wurde die Vermutung angewandt, obwohl weder die wirklich bestehende Beziehung noch die, in der beide zu stehen glaubten, die Vermutung von undue influence hätte begründen können. Coulson v. Allison (1860) 2 De G. F. & J. 521; vgl. auch Sheridan, S. 97.

gewesen, die Vermutung, daß ein Partner unlauteren Einfluß auf den anderen ausgeübt hat, heranzuziehen[13]. In *Lovesy v. Smith*[14] war der Verlobte zugleich der Anwalt seiner zukünftigen Frau. In *Re Lloyds Bank Ltd.*[15] handelte es sich um einen regelrechten Heiratsschwindel. Der Beklagte hatte kurz vor der Hochzeit von der Klägerin die Zustimmung zur Abhebung eines beträchtlichen Betrages von dem gerade eingerichteten gemeinsamen Konto erschlichen. Das Geld auf dem Konto stammte ausschließlich aus ihrer Mitgift, er war völlig mittellos gewesen. Sie meinte, er werde das Geld für den Aufbau einer gemeinsamen Existenz verwenden, er dagegen wollte alte Schulden damit tilgen und war im übrigen entschlossen, die Klägerin zwar zu heiraten, sie aber nur so lange bei sich zu behalten, wie sich Geld auf dem Konto befand und er ihre Zustimmung für weitere Abhebungen benötigte.

In der jüngsten Entscheidung zu diesem Thema, *Zamet v. Hyman*[16], wurde die bisherige Rechtsprechung vom Court of Appeal modifiziert. 1955 verlobten sich ein 79 Jahre alter Witwer und eine 71jährige Witwe. Drei Tage vor der Hochzeit schlossen sie einen Vertrag, in dem sich die Frau verpflichtete, auf jeden Anspruch gegen ihren künftigen Ehemann bzw. seinen Nachlaß zu verzichten. Sie sollte also keinerlei Erbanspruch haben, statt dessen sollten ihr nach dem Tod des Mannes £ 600 gezahlt werden. 1958 starb der Mann, ohne ein Testament zu hinterlassen, und es kam zum Rechtsstreit zwischen der Witwe und den Nachkommen. Lord Evershed, M.R., war der Ansicht, das Alter der Parteien biete keinen Anlaß, diesen Fall von den Präzedenzfällen zu unterscheiden. Er sei sich jedoch bewußt, daß man im Jahre 1961 nicht mehr ohne weiteres jede unentgeltliche Zuwendung unter Verlobten — auch ein besonders aufwendiges Verlobungsgeschenk — nur deshalb als anfechtbar ansehen könne, weil der Schenker nicht von einem unabhängigen Anwalt beraten worden sei. Handle es sich jedoch um einen Vertrag zur Neuordnung der beiden Vermögen im Hinblick auf die zukünftige Ehe, und erhalte durch diesen Vertrag die eine Partei einen erheblichen Vorteil auf Kosten der anderen, könne das Gericht je nach den Umständen dem Begünstigten die Beweislast dafür auferlegen, daß die andere Partei „after full, free and informed thought about it" gehandelt habe. Einen solchen Fall sah Lord Evershed, M. R., hier als gegeben an. Die beiden anderen Richter (Danckwerts, L. J., und Donovan, L. J.)[17] kamen zu einem ähnlichen Ergebnis, legten jedoch das Schwergewicht darauf, daß sie sich nicht

---

[13] Donovan, L.J. in Zamet v. Hyman (1961) 1 W.L.R. 1442, 1452.

[14] (1880) 15 Ch.D. 655

[15] (1931) 1 Ch. 289.

[16] (1961) W.L.R. 1442.

[17] (1961) W.L.R. 1452, 1453.

hätten vorstellen können, daß die damalige Verlobte wußte, was sie
unterschrieb. Sie sei kurz vor der Hochzeit womöglich noch aufgeregter
gewesen als ein junges Mädchen. Der Heirat wegen habe sie ihren
Beruf und ihre Pension aufgegeben. Daher hätten die Kläger beweisen
müssen, daß ihr ein für sie derart ungünstiger Vertrag in allen Einzel-
heiten erklärt wurde.

III. Vormund und Mündel

Das Verhältnis zwischen Vormund und Mündel stellt den Übergang
zwischen dem Verhältnis von Eltern und Kind und dem zwischen
Sachwalter und Auftraggeber dar. Nach englischem Recht ist es für
einen Vormund fast unmöglich, von seinem gerade volljährig gewordenen Mündel eine unentgeltliche Zuwendung zu erhalten. Der Vormund wird in England gewöhnlich durch Testament bestimmt und hat
im Gegensatz zum Vormund in Deutschland und dem gerichtlich be-
stellten Vormund in England dem Mündel und nicht dem Gericht nach
Erreichen der Volljährigkeit Rechnung zu legen. Bei dieser Gelegenheit ist es denkbar, daß der Vormund die Abrechnung und damit die
Herausgabe des Vermögens hinauszögert, wenn ihm das Mündel nicht
aus „Dankbarkeit" eine Schenkung macht. Darin schien den Chancery-
Gerichten von jeher eine große Gefahr zu liegen, und die Ursprünge
der Lehre von undue influence gehen nicht zuletzt auf das Bemühen
zurück, diese Gefahr von vornherein auszuschließen. Die grundlegenden
Gesichtspunkte wurden 1754 von Lord Hardwicke herausgestellt[1]. Er
schildert die erwähnte Gefahr und betont demgegenüber die Strenge
des Gerichts, das eine solche Schenkung nicht aufrechterhalte, selbst
wenn im Einzelfall keine Unfairness im Spiele war. Diese Rechtsprechung könne zwar zu gewissen Härten führen, wenn der Vormund
viel Mühe bei der Verwaltung des Mündelvermögens aufgewendet habe.
Andererseits handle es sich bei der Übernahme einer Vormundschaft um
eine Pflicht der Menschlichkeit, die einer dem anderen schulde; denn
schließlich könne jeder in die Situation des Mündels geraten.

In dem Fall, der dieser Entscheidung zugrunde lag, hatte ein Neffe
seinem Onkel und Vormund pauschal Entlastung erteilt und ihm eine
Rente von £ 60 jährlich ausgesetzt. Das Gericht hielt es für erwiesen,
daß der Onkel nicht bereit gewesen sei, dem Neffen sein Vermögen zu
übergeben, bis er sicher gewesen sei, die Jahresrente zu erhalten.

Ein eigenartiger Fall ist *Duke of Hamilton v. Mohun*[2]. Der Duke
beabsichtigte zu heiraten. Die Mutter der Braut, die ihr Vormund

---

[1] In Hylton v. Hylton (1754) 2 Ves.Sen. 547.
[2] (1710) 1 P. Wms. 118.

gewesen war, stimmte der Heirat nur unter der Bedingung zu, daß der Bräutigam sich vertraglich verpflichtete, ihr zwei Tage nach der Hochzeit ohne Rechnungslegung Entlastung von ihrer Vermögensverwaltung zu erteilen. Das Gericht war der Ansicht, wenn man solche Verträge dulden wolle, liefe das darauf hinaus, daß ein Vormund sein Mündel verkaufen könne. Je größer das Vermögen des Mündels sei, desto größer auch die Versuchung, sich auf diese Weise die Zustimmung des Vormundes zu sichern.

In den Fällen, in denen Vormund und Mündel zusammenleben, können sich auch ähnliche Situationen wie die beim Verhältnis Eltern-Kind beschriebenen ergeben. Ein solcher Fall, der freilich fast zwei Jahrhunderte zurückliegt, ist *Hatch v. Hatch*[3]. Ein junges Mädchen hatte eine Pfarre (d. h. den Grundbesitz) geerbt. Nach Erreichen der Volljährigkeit übertrug sie diesen Besitz ihrem Onkel und Vormund, einem Pfarrer, in dessen Haus sie aufgewachsen war, wie es hieß, in Anbetracht ihrer großen Freundschaft, Liebe und Zuneigung zu ihm und wegen der Sorge, die er ihr gewidmet hatte. Nach ihrer Hochzeit focht sie die Schenkung an. Sie hatte beim Abschluß des Vertrages offenbar nicht verstanden, worum es sich bei der Übertragung handelte, da sie so taub war, daß man sich mit ihr nur durch Zeichen verständigen konnte.

Lord Eldon gab der Klage statt. Erstens hielt er es für erwiesen, daß der Vormund seine Aufklärungspflicht verletzt habe. Zweitens gebe es zwar keine anständigere Handlung und keinen würdigeren Anfang für das selbständige Leben eines Mündels, als wenn es seinem Vormund zur Belohnung für seine Mühe aus freiem Entschluß etwas schenke. Trotzdem betrachteten die Gerichte solche Schenkungen mit fast unüberwindlichem Mißtrauen. Zu leicht könnte vorgetäuscht werden, es handle sich um einen spontanen Akt der Dankbarkeit, während in Wirklichkeit der Wille des Schenkenden durch falsche Freundlichkeit oder durch Zwang beeinflußt worden sei. Die Gerichte dürften nicht in die Gefahr geraten, durch Zulassung verdächtiger Schenkungen Beihilfe zu arglistigem Verhalten zu leisten.

Ein weiterer Fall von undue influence des Vormundes, der nicht mit der Abrechnung in Zusammenhang steht, ist *Maitland v. Irving*[4]. Die Beklagten Irving und Brown hatten gegen Maclean eine Forderung von £ 5.000. Er bat sie um Stundung und bot ihnen als Sicherheit die Bürgschaft seiner reichen Nichte an, deren Vormund er gewesen war, und die seit eineinhalb Jahren bei ihm lebte. Das Mädchen leistete die Bürgschaft, focht sie jedoch später an. Im Prozeß trugen die Beklagten

---

[3] (1804) 9 Ves. 292.
[4] (1846) 15 Sim. 437.

vor, Maclean habe nicht behauptet, Einfluß über seine Nichte zu besitzen, und sie hätten auch nicht an diese Möglichkeit gedacht. Trotzdem entschied das Gericht zugunsten der Klägerin. Wenn die Beklagten die Rechtsprechung der Gerichte vielleicht auch nicht gekannt hätten, hätten sie doch annehmen müssen, daß Maclean die Bürgschaft nur durch seinen Einfluß als Vormund erlangen konnte. Da ihnen eine Bürgschaft lieber gewesen sei als ein zahlungsunfähiger Schuldner, hätten sie sich seinen Einfluß über die Klägerin natürlich gerne zunutze gemacht.

Nicht jedes Zusammenleben von Waisen mit älteren Verwandten begründet ein verdächtiges Vertrauensverhältnis. So wurde die Schenkung der Tochter eines Kapitäns, der auf einer seiner Reisen gestorben war, an Verwandte, bei denen sie lebte, für wirksam gehalten. Das Mädchen war schwindsüchtig und schenkte den Beklagten ihr Vermögen, als sie wußte, daß sie nicht mehr lange leben würde. Sie wollte dadurch vermeiden, daß ihre Verwandten mütterlicherseits, die sie verabscheute, sie beerbten[5].

IV. Anwalt und Klient

1. Unentgeltliche Zuwendungen

Lord Eldon sagt in *Hatch v. Hatch:* "This case proves the wisdom of the Court in saying, it is almost impossible in the course of the connection of guardian and ward, attorney and client, trustee and cestui que trust, that a transaction shall stand, purporting to be bounty for the execution of antecedent duty[1]."

In Übereinstimmung mit dieser Äußerung gingen manche älteren Entscheidungen[2] davon aus, daß ein Anwalt in keinem Fall eine unentgeltliche Zuwendung von seinem Klienten erhalten konnte[3]. Die besondere Strenge erklärt sich daraus, daß der solicitor unter den übrigen Sachwaltern des englischen Rechtslebens einen besonderen Rang einnimmt[4]. Seine Vertrauensstellung übertrifft wohl auch die

---

[5] Taylor v. Johnston (1882) 19 Ch.D. 603.

[1] (1804) 9 Ves. 292, 296.

[2] Wells v. Middleton (1784) 1 Cox. 112; Tomson v. Judge (1855) 3 Drew. 306; Morgan v. Minett (1877) 6 Ch.D. 638.

[3] Vgl. Tomson v. Judge a.a.O.: "that the rule of this Court makes such a transaction, that is of a gift from the client to the solicitor absolutely invalid."

[4] Spencer Bower, S. 377, § 415 zitiert hierzu Bacon: "the greatest trust between man and man is the trust of giving counsel. For in other confidences men commit parts of their life: their lands, their goods, their child, their credit, some particular affair — but to such as they make their counsellors, they commit the whole; by how more much they are obliged to all

des deutschen Rechtsanwalts, da er häufiger und in weiterem Umfang zu Rate gezogen wird als sein deutscher Kollege. Er berät den Klienten nicht nur in Prozessen, sondern bei allen wichtigen Verträgen. Er bereitet die Vertrags- und Testamentsentwürfe vor und verwaltet in vielen Fällen das Familienvermögen, wobei die gleiche Anwaltsfirma häufig über Generationen die gleiche Familie berät. Daher besitzt der Anwalt oft nicht nur die intimste Kenntnis über das Vermögen, sondern auch über die persönlichen Verhältnisse und Probleme des Klienten und seiner Angehörigen[5]. Trotzdem zeigte sich die Rechtsprechung im Laufe der Zeit weniger streng und paßte die Regeln über Schenkungen zwischen Anwalt und Klient den Grundsätzen an, die für die anderen verdächtigen Vertrauensverhältnisse gelten.

In *Rhodes v. Bate*[6] klagte eine ältere Dame gegen einen Anwalt (certificated conveyancer), der in erster Linie Grundstücksübertragungen vorbereitete. Die Klägerin lebte im Hause ihres Schwagers, eines Unterpfarrers mit schmalem Einkommen. Er hatte eine große Familie mit Kindern, denen die Klägerin sehr zugetan war. Dieser Umstand veranlaßte sie, den Schwager mit ihrem geerbten Vermögen zu unterstützen. Sie lieh ihm £ 2.000 für den Kauf eines Grundstücks und war auch bereit, ihm zu helfen, als er nach dem Erwerb weiterer Grundstücke zu Spekulationszwecken in Schwierigkeiten geriet. Gläubiger des Schwagers war der Beklagte, der bei den Grundstücksübertragungen für ihn als Anwalt tätig geworden war und ihm bei dieser Gelegenheit das fehlende Geld vorgestreckt hatte. Im Laufe von sechs Jahren unterzeichnete die Klägerin drei solidarische Schuldanerkenntnisse bzw. Wechsel und belastete eine auf ihren Namen eingetragene Hypothek, um die Beträge, die ihr Schwager dem Beklagten schuldete, zu sichern. Sie selbst hatte den Beklagten bei der Errichtung ihres Testaments konsultiert, wobei nicht geklärt werden konnte, ob die Konsultation vor oder nach dem ersten Schuldanerkenntnis lag. Außerdem hatte sie ihn beauftragt zu prüfen, ob die Voraussetzungen für die Entlastung der Nachlaßverwalter ihres Vaters gegeben waren.

Durch die drei Sicherheitsleistungen hatte sie ihr ganzes Vermögen belastet. Als der Beklagte in die Hypothek vollstrecken wollte, berief sie sich auf undue influence. Das Gericht stellte nur auf das Verhältnis zwischen der Klägerin und dem Beklagten ab, nicht dagegen darauf, daß der Beklagte unentgeltlich Nutzen aus einer unlauteren Einflußnahme des Schwagers gegenüber der Klägerin gezogen haben könnte. Diese

---

faith and integrity." (Essay XX, "Of Counsel", Bd. 6 S. 423 in der Ausgabe von Speding, Ellis und Heath.)

[5] Spencer Bower a.a.O.

[6] (1866) 1 Ch.App. 252.

Konstruktion war nicht möglich, weil der Beklagte dem Schwager die bisherigen Schulden gestundet, bzw. weitere Darlehen gewährt und somit ihm gegenüber die Sicherheiten nicht unentgeltlich erworben hatte.

Im Verhältnis zwischen Anwalt und Klient, so betonte das Gericht, gelte die unverrückbare Regel, daß der Anwalt sich nicht auf die Wirksamkeit von vertraglichen Vorteilen berufen könne, wenn er nicht nachweise, daß der Gewährende beim Abschluß des Rechtsgeschäfts über independant legal advice verfügt habe.

Daher kam das Gericht zu folgendem Ergebnis: Das erste Schuldanerkenntnis mußte Bestand haben. Selbst wenn man davon ausging, daß die Beratung der Klägerin wegen des Testaments vorher stattgefunden hatte, handelte es sich dabei doch um eine einmalige Angelegenheit, die noch kein Vertrauensverhältnis begründete. Für die späteren Verfügungen traf das jedoch nicht zu. Der Beklagte war inzwischen etwa zwei Jahre lang für die Klägerin tätig gewesen. Er wußte, daß sie unter dem Einfluß ihres Schwagers stand, kannte ihre Vermögensverhältnisse und wußte, daß der Schwager seine Schulden nicht würde bezahlen können.

Das Vertrauensverhältnis hatte auch nicht deshalb aufgehört, weil der Auftrag, den die Klägerin dem Beklagten erteilt hatte, seit einigen Monaten abgeschlossen war. Vielmehr stellte das Gericht fest, daß das Vertrauensverhältnis zwischen Anwalt und Klient auch dann bestehen bleibe, wenn der Klient die Dienste des Anwalts eine Zeitlang nicht in Anspruch nehme. Der Beklagte hatte die Klägerin zwar darauf hingewiesen, daß sie möglicherweise ihr gesamtes Vermögen verlieren werde, und sie ausdrücklich gewarnt. Das Gericht war jedoch der Auffassung, daß er ihr diesen Punkt nicht so eindringlich vor Augen gehalten hatte, wie das von einem unabhängigen und uninteressierten Berater zu erwarten gewesen wäre. Vor allem hatte er es versäumt, ihr zu empfehlen, einen unabhängigen Anwalt um Rat zu fragen. Daher konnte die zweite und dritte Verfügung nicht aufrechterhalten werden.

Das Gericht fügte hinzu, daß den Beklagten kein moralischer Makel treffe. Er glaubte, der Klägerin ehrenhaften Rechtsrat zu geben. Sein Fehler bestand darin, daß er die Regeln der equity-Gerichte über verdächtige Vertrauensverhältnisse nicht genügend beachtete[7].

---

[7] Einer der Richter, Knight Bruce, L.J., erwähnt in seinem Votum, daß er Schwierigkeiten mit dem Fall gehabt und zuerst dazu geneigt hätte, für Abweisung der Klage zu stimmen. Auch Spencer Bower vertritt die Auffassung, es handle sich um eine außerordentlich strenge Entscheidung, S. 380 § 419 Anm. (m); ähnliche Zweifel äußerte Lord Esher, M.R. in der folgenden Entscheidung.

Die in Rhodes v. Bate aufgestellten Regeln wurden bestätigt in
Liles v. Terry[8].

Die Klägerin war eine alleinstehende 70jährige Frau, Beklagte waren
ihre Nichte und deren Ehemann, ein Anwalt. Der Mann hatte sie in
einem Prozeß ohne Honorar vertreten, wofür sie ihm vorher versprochen hatte, die streitigen Grundstücke seiner Schwiegermutter bzw.
seiner Frau, der sie große Zuneigung entgegenbrachte, zu vererben.
Nachdem der Prozeß gewonnen war, teilte sie dem Beklagten mit, sie
wünsche ihr Testament zu machen. Der Beklagte setzte ein Testament
auf, in dem von den beiden Grundstücken nicht die Rede war. Darauf
gab er ihr einen Schenkungsvertrag zur Unterschrift. Dieser Vertrag
sah eine Anwartschaft seiner Frau auf die Grundstücke nach dem Tod
der Klägerin vor. Der Beklagte konnte nachweisen, daß er der Klägerin
erklärt hatte, daß es sich bei dem Vertrag um eine Schenkung und
nicht um ein zweites Testament handelte. Er erklärte ihr jedoch nicht,
daß eine Schenkung im Gegensatz zum Testament nicht widerruflich ist.

Der Einzelrichter wies die Klage ab, der Court of Appeal gab ihr
statt, weil die Klägerin beim Vertragsschluß nicht den Rat eines
zweiten, unabhängigen Anwalts gehabt habe. Es mache keinen Unterschied, ob der beklagte Anwalt oder seine Frau begünstigt worden sei,
schon einen Tag nach der Schenkung könne die Ehefrau das Erhaltene
an ihren Mann weiterübertragen.

In *Barron v. Willis*[9] wurde sogar ein trust aufgehoben, in dem lediglich der Sohn eines Anwalts und auch der nur an letzter Stelle bedacht
wurde.

Die Klägerin war in erster Ehe mit Joseph Willis verheiratet. Der
Beklagte war ein Freund und Familienanwalt der Willis. Der Schwieger-
vater der Klägerin hatte sein gesamtes Vermögen seiner Frau hinterlassen. Die Schwiegermutter wollte, daß auch ihr Sohn und seine
Familie an der Erbschaft teilhaben sollten. Da der Sohn verschwen-
dungssüchtig war, wurde auf ihre Anregung hin ein Familientrust
errichtet.

In der ursprünglichen Form sah der Vertrag unter anderem vor, daß
die Rechte Joseph Willis' nach dessen Tod auf seine Frau übergehen
sollten und daß sie, falls vorher keine gemeinsame Bestimmung getroffen worden war, ihren Nachfolger bezüglich der Rechte aus dem
trust bestimmen konnte. In dem Fall, daß keinerlei Nachfolgebestim-
mung getroffen würde, sollten die Rechte auf einen Vetter Joseph
Willis' und auf den Sohn des Beklagten übergehen.

---

[8] (1865) 2. Q.B. 679.
[9] (1900) 2 Ch. 121.

Das Bestimmungsrecht der Klägerin war offenbar durch ein Mißverständnis in den Vertragstext geraten. Daher wurde der Vertrag zweimal abgeändert. Die endgültige Regelung ging dahin, daß der Klägerin kein Recht zur Bestimmung des Nachfolgers mehr zustehen sollte. Vor Unterzeichnung des Abänderungsvertrages hatte der Beklagte der Klägerin zwar geraten, einen unabhängigen Anwalt zu konsultieren, hatte aber letztlich nicht darauf bestanden. Zwei Jahre nach der ersten Korrektur war Joseph Willis gestorben, ohne daß die Rechtsnachfolge geregelt worden wäre. Die Klägerin heiratete zum zweiten Mal und focht die beiden Abänderungsverträge an.

Der Court of Appeal hielt im Gegensatz zum erstinstanzlichen Richter das Vertrauensverhältnis Anwalt-Klient für gegeben. Zwar war der Beklagte nicht der Anwalt der Klägerin, er war jedoch Anwalt und Freund der Familie Willis, und auch die Klägerin pflegte ihn gelegentlich in ihren Angelegenheiten um Rat zu fragen. Auf alle Fälle brachte sie ihm das gleiche Maß an Vertrauen entgegen, das ein Klient seinem Anwalt entgegenbringt, und er wußte das. Das Gericht gestand dem Beklagten zu, er sei nicht darauf aus gewesen, sich mittels einer Zuwendung an seinen Sohn zu bereichern. Andererseits könne auch eine mittelbare Begünstigung eines Anwalts keinen Bestand haben, wenn der Verfügende nicht von einem anderen uninteressierten Anwalt beraten worden sei. Aber selbst wenn man das Fehlen von independant advice in diesem Falle hinnehmen wolle, hätte der Beklagte der Klägerin erklären müssen, daß sie nicht verpflichtet war, der Abänderung des ursprünglichen Vertrages zuzustimmen, und daß man ihr zu der neuen Regelung nicht raten konnte[10].

Es ist nicht ganz klar, ob außer dem Solicitor auch der Barrister von der Vermutung betroffen wird[11]. Da der Barrister lediglich Prozesse führt und auch dabei gewöhnlich nicht weiter mit seiner Partei zusammentrifft, wird ein Vertrauensverhältnis, wie es zwischen dem Solicitor und seinem Klienten besteht, selten vorkommen. In *Broun v. Kennedy*[12], der einzigen Entscheidung, die sich mit einer Zuwendung an einen Barrister befaßt, handelte es sich um einen Fall aktiver Beeinflussung, so daß es nicht notwendig war, aufgrund der Vermutung zu entscheiden. Kennedy, der Beklagte, hatte sich von der Klägerin, für die er einen Prozeß gewonnen und dadurch ihr beträchtliches Vermögen gerettet hatte, zwei Drittel dieses Vermögens schenken lassen. Sie sollte nur ein lebenslanges Nutzungsrecht behalten. Zwar wurde ihr

---

[10] In der Revisionsinstanz bestätigten alle sechs Lords das Ergebnis (1902) A.C. 271.

[11] Vgl. Sheridan, S. 92.

[12] (1863) 33 Beav. 133.

der Vertrag von ihren Solicitors erklärt, das Gericht hielt ihn jedoch
für anfechtbar, weil die unabhängige Beratung nichts mehr daran habe
ändern können, daß sie völlig unter dem Einfluß des Anwalts gestanden
habe, dem sie alles — Vermögen wie gesellschaftliche Stellung — zu
verdanken glaubte, und weil der Anwalt dieses Vertrauen in eigen-
nütziger Weise ausgenutzt habe, um sie zum Vertragsabschluß zu bewegen.

2. Entgeltliche Geschäfte

Während ein unentgeltlicher Vertrag zugunsten eines Anwalts nur
Bestand haben kann, wenn der Einfluß des Anwalts völlig gewichen
ist und der Klient von einem anderen, uninteressierten Anwalt beraten
wurde[13], ist es zur Aufrechterhaltung eines entgeltlichen Geschäfts
notwendig, daß der Anwalt selbst seinen Klienten so beraten hat, wie
er es getan hätte, wenn das Geschäft mit einem Dritten abgeschlossen
worden wäre[14]. Wünschenswert ist es jedoch auch in diesem Fall, daß die
Aufklärung durch einen unbeteiligten Kollegen geschieht.

In *Wright v. Carter*[15] waren beide Fall-Varianten gegeben. Colonel
Wright, der Kläger, hatte sein Geschäft an eine Bank verkauft. Er
hatte den Kaufpreis bereits erhalten, lebte jedoch in der ständigen
Angst, die Bank werde gegen ihn Regreßansprüche geltend machen, weil
ein großer Teil der Forderungen des verkauften Geschäfts nicht ver-
wertbar war. Deshalb übertrug er sein Mobiliareigentum einem seiner
Söhne und seinem Anwalt. Er selbst sollte ein lebenslanges Nutzungsrecht behalten, und nach seinem Tod sollte neben seinen Kindern auch
der Anwalt einen Anteil erhalten, da er bisher noch kein Honorar bekommen hatte. Seinen Grundbesitz übertrug der Kläger mit einer
ähnlichen Anordnung auf seinen Sohn und den Anwalt als trustees.
Seine Befürchtung, die Bank werde sich an seinem Vermögen schadlos
halten und ihn zum Bettler machen, wuchs jedoch mehr und mehr.
Daher veranlaßte er, daß der trust über seinen Grundbesitz dahin-
gehend umgeändert wurde, daß sein gesamtes gegenwärtiges und zukünftiges Vermögen auf den Sohn und den Anwalt als trustees übergehen und seine eigene Berechtigung am trust wegfallen sollte. Begünstigte waren der Sohn und eine seiner Töchter sowie zu einem
kleineren Teil der Anwalt. Als Gegenleistung sollte der Kläger eine
Rente von £ 500 jährlich erhalten. Später fühlte er sich durch die
Verträge übervorteilt und erhob Klage gegen alle Begünstigten.

---

[13] Vgl. außer den genannten Entscheidungen: Goddard v. Carlisle (1821)
9 Price 169; Bulkeley v. Wilford (1834) 2 Cl. & Fin. 102.
[14] Deshalb hält Winder (L.Q.R. 1940 S. 103) diese Fallgruppe nicht für ein
Beispiel von undue influence, sondern von abuse of confidence.
[15] (1903) 1 Ch. 27.

Der beklagte Anwalt berief sich im Prozeß auf eine Äußerung von Wigram, V. C.[16], daß die in *Hatch v. Hatch* von Lord Eldon aufgestellte Regel nur dann gelte, wenn der Anwalt „in hac re" — also in der Sache, in der das Geschäft mit ihm abgeschlossen wurde — als Berater tätig geworden sei. Der Begriff der gleichen Sache wird jedoch weit ausgelegt. Schenkungen von Klienten an ihre Anwälte können nur aufrechterhalten werden, wenn nicht nur der Anwaltsvertrag, gleich, ob es sich um Beratung oder gerichtliche Vertretung handelt, beendigt ist, sondern auch das daraus entstandene Vertrauensverhältnis nicht mehr bestehet[17]. Der unentgeltliche Vertrag wurde daher, soweit er den Anwalt begünstigte, aufgehoben. Zwar hatte der Anwalt den Kläger zu einem Kollegen geschickt, der sich sogar vergewisserte, ob der Kläger nicht von seinem Anwalt beeinflußt war. Dieser unabhängige Berater hatte jedoch nicht die notwendigen Informationen, um den Kläger wirkungsvoll zu beraten. So hatte z. B. niemand den Kläger darauf hingewiesen, daß er sein Vermögen nicht durch die Schenkung gegen die Regreßansprüche der Bank schützen konnte[18]. Der entgeltliche Vertrag wurde gegenüber allen Beteiligten aufgehoben. Das Gericht war der Auffassung, daß bei einem offensichtlich fairen Geschäft der Nachweis von independant advice nicht notwendig sei. In diesem Fall jedoch hätten die Beklagten nachweisen müssen, daß das Geschäft fair und ehrenhaft sei; denn hier spreche der Anschein eher für das Gegenteil. Der Kläger habe sogar über sein zukünftiges Vermögen verfügt, obwohl seine persönlichen Verbindlichkeiten — etwa die Unterhaltsverpflichtung gegenüber seiner getrennt lebenden Ehefrau — nicht übernommen worden waren. Auch bei diesem Geschäft hatte ein anderer Anwalt mitgewirkt. Er kannte jedoch die Höhe des Vermögens nicht und konnte daher nicht beurteilen, ob die Gegenleistung angemessen war.

Die grundlegende Entscheidung über undue influence bei entgeltlichen Geschäften ist der von Lord Eldon entschiedene Fall *Gibson v. Jeyes*[19]. Mrs. Kerby, eine siebzigjährige Dame, wollte ihre Wertpapiere verkaufen und von dem Erlös eine Lebensrente erwerben. Einer ihrer Verwandten namens Gibson, der Vater des Klägers, bot ihr eine Jahresrente von £ 60 mit hypothekarischer Sicherheit. Sie wollte jedoch mit Gibson nichts zu tun haben, sondern die Rente vom Beklagten erwer-

---

[16] In Edwards v. Meyrick (1842) 2 Hare 60.

[17] Turner, L.J. und Lord Cranworth, L.C. in Holman v. Loynes (1854) 4 De G.M. & G. 270; für entgeltliche Verträge vgl. Mc.Master v. Byrne (1952) 1 All E.R. 1362.

[18] Vgl. die Fragen von Vaughan, L.J. und die Antworten der Anwälte Carters, S. 43 f.

[19] (1801) 6 Ves. 266.

ben, der ihr Anwalt war und bereits die Wertpapiere für sie verkauft hatte. Er bot ihr zu einem Preis von £ 400 eine Jahresrente von £ 50, gesichert durch eine Vertragsstrafe (bond) von £ 800. Der Anwalt war zur Zeit des Vertragsschlusses 80 Jahre alt. Mrs. Kerby war nicht bei guter Gesundheit. Sie starb vier Monate nach Vertragsschluß, ohne mehr als zwei Guineas vom Beklagten erhalten zu haben.

Die vom Anwalt gebotene Rente war ungünstiger als die von Gibson. Abgesehen davon war sie auch in anderen Punkten nicht unproblematisch. Die lediglich persönliche Sicherung war unzureichend, wenn man das hohe Alter des Anwalts bedenkt, und das Verhältnis von Leistung und Gegenleistung war nur dann angemessen, wenn Mrs. Kerby bei guter Gesundheit gewesen wäre. Er hatte daher die Pflicht, Mrs. Kerby zu raten, die Rente von Gibson zu erwerben und sich zu bemühen, ihre Vorurteile gegen ihn zu zerstreuen. Wenn sie dennoch mit ihm kontrahieren wollte, mußte er dafür sorgen, daß sie den Rat eines unabhängigen Anwalts einholte und durfte die Frage ihres Gesundheitszustandes nicht einfach übergehen. Da er das unterließ, wurde der Vertrag aufgehoben. Ein Anwalt, der zum Käufer oder Verkäufer geworden ist, darf, wie Lord Eldon formulierte, keinen Vorteil aus der fahrlässigen Verletzung seiner Anwaltspflichten ziehen.

Diese Entscheidung wurde bestätigt in *Holman v. Loynes*[20] (praktisch der gleiche Fall), in *Gresley v. Mousley*[21] und in neuerer Zeit in *Demerara Bauxite Co. Ltd. v. Hubbard*[22]. Im letzten Fall hatte der Beklagte von seiner Klientin zu einem niedrigen Preis eine Option auf ein Grundstück erworben. Das Grundstück gehörte zu dem Nachlaß ihres Mannes, mit dessen Abwicklung er beauftragt war. Die Klägerin war davon ausgegangen, der Anwalt werde das Grundstück an die bisher einzige Interessentin, eine Bauxit-Gesellschaft, weiterverkaufen. Der Anwalt hatte jedoch einen weiteren Interessenten kennengelernt, was er der Klientin verschwieg, um selbst den Nutzen aus dem Konkurrenzkampf der beiden Kaufbewerber zu ziehen.

Die Vermutung von undue influence greift nicht ein, wenn kein Vertrauensverhältnis zwischen Anwalt und Klient besteht[23], wenn zum Beispiel der Anwalt eine Hypothek für eine vom Klienten wirklich geschuldete Summe verlangt[24], überhaupt immer, wenn der Anwalt die Haltung eines lästigen Gläubigers annimmt[25]. Schließlich auch dann

---

[20] (1854) 4 De G.M. & G. 270.
[21] (1861) 4 De G. & J. 78.
[22] (1923) A.C. 673.
[23] Sheridan, S. 91.
[24] Cheslyn v. Dalby (1836) 2 Y. & C.Ex. 170.
[25] Lord Chelmsford in Johnson v. Fesemeyer (1858) 3 De G. & J. 13 (22).

nicht, wenn das Geschäft mit der Angelegenheit, in der der Anwalt tätig ist, nichts zu tun hat, etwa, um ein Beispiel von Parker, J.[26], zu benutzen, wenn ein Strafverteidiger seinen Mandanten auf der Jagd trifft und von ihm ein Pferd kauft, wobei sich beide auf ihren eigenen Sachverstand verlassen. Das gleiche gilt, wenn das Geschäft zwar mit dem Mandat zusammenhängt, der Klient aber genausogut oder besser informiert ist als der Anwalt[27].

V. Trustee und beneficiary, agent und principal

1. Trustee und beneficiary

Ein trust entsteht — grob umrissen — nach folgendem Schema: Der Gründer des trust (settlor of trust) überträgt bestimmte Vermögensgegenstände auf einen oder mehrere trustees (Treunehmer) mit der Vereinbarung, daß sie zugunsten einer oder mehrerer Personen (cestuis que trust, beneficiaries) verwaltet werden sollen. Der trustee wird nach common law alleiniger Eigentümer (legal owner), ist jedoch nach equity-Regeln in der Weise gebunden, daß bestimmte Bestandteile des Eigentumsrechts dem Begünstigten zustehen (equitable ownership)[1].

Ein trustee kann trust-Vermögen nicht von sich selbst erwerben. Den legal title daran hat er bereits, alle Geschäfte, die er als trustee mit sich selbst oder einem Strohmann vornimmt, um auch den equitable title zu erlangen, sind nach equity-Recht ungültig[2]. Die Regeln für trustees gelten insoweit auch für executors[3] (Testamentsvollstrecker), wenn sie nicht ohnehin trustees sind, ferner für den assignee of bankrupt[4], der heute generell ein trustee in bankruptcy ist, und für ähnliche Personen mit Treuhänderfunktion.

Diese Rechtsprechung gehört eigentlich nicht mehr zur Lehre von undue influence. Zwar handelt es sich ebenfalls um einen Mißbrauch von Vertrauen (abuse of confidence), da der trustee den Vertrag jedoch mit sich selbst schließt, wird keinerlei Einfluß auf den Vertragspartner aus-

---

[26] In Allison v. Clayhills (1907) 97 L.T. 709.

[27] Ryan v. Hayes 190 Ill.App. 208; Koller-Vesper v. Wilderotter (Ch.) 119 A. 375.

[1] Vgl. etwa die kurze Einführung bei David/Grasmann, S. 362 ff. und Zweigert/Kötz, S. 328 mit weiteren Nachweisen.

[2] Denton v. Donner (1856) 23 Beav. 285; Field, J. in Plowright v. Lambert (1885) 52 L.T. 646 (652).

[3] Pickering v. Pickering (1839) 2 Beav. 31; Wedderburn v. Wedderburn (1838) 4 My. & Cr. 41; Allfrey v. Allfrey (1849) 1 Mac. & G. 87; De Cordova v. De Cordova (1879) 4 App.C. 702; Prideaux v. Lonsdale (1863) 1 De G.J. & S. 433.

[4] Ex parte Bennet (1805) 10 Ves. 381; Ex parte Wainright (1881) 19 Ch.D. 140.

geübt. Die Begriffe abuse of confidence und undue influence werden
aber gelegentlich synonym gebraucht[5], da sie sich überschneiden können.
Korrekterweise muß man folgende Unterscheidung treffen: Das Selbstkontrahieren des trustee stellt nur einen Fall von abuse of confidence
dar, wohingegen die Schenkung an einen trustee nur unter dem
Gesichtspunkt von undue influence zu betrachten wäre. Es sind jedoch
möglicherweise beide Prinzipien berührt, wenn der trustee trust-Vermögen zu einem besonders günstigen Preis durch Kauf vom beneficiary
erwirbt[6].

Die Merkmale von undue influence überwiegen in den Entscheidungen *Ellis v. Barker*[7] und *Barret v. Hartley*[8].

Im ersten Fall hatte ein Erblasser durch Testament bestimmt, daß die
Testamentsvollstrecker (trustees) seinen Hof seinem Neffen, dem Kläger, übertragen sollten. Der Neffe sollte das Hofvermögen allerdings
nur unter der Voraussetzung erhalten, daß ihn der Eigentümer des dazu
gehörenden Grundbesitzes (landlord) als Pächter (tenant) akzeptiere.
Das Testament sah ferner Vermächtnisse von weiteren Grundstücken
für den Kläger sowie Legate und Jahresrenten zugunsten von Verwandten und der Testamentsvollstrecker vor.

Einer der Testamentsvollstrecker namens Barker war Verwalter des
Verpächters. Er hatte festgestellt, daß der Nachlaß kaum ausreichte, um
die Legate und Renten auszuzahlen, wenn der Kläger das Hofvermögen
und die Grundstücke erhielte. Er erzählte daher dem Verpächter, der
Erblasser habe auch die Verwandten des Klägers versorgen wollen.
Wenn der Kläger außer dem Hof auch die Grundstücke bekäme, werde
nur er von der Erbschaft profitieren und der Wille des Erblassers un-
durchführbar. Der Verpächter meinte daraufhin, er werde den Kläger
nicht als Pächter akzeptieren, wenn dieser nicht redlich und ehrenhaft
handle. Barker schrieb dem Kläger, der Verpächter habe es ihm — Barker — überlassen zu entscheiden, unter welchen Bedingungen er als
Pächter akzeptiert würde. Er könne daher den Hof nur erhalten, wenn
er auf zwei andere Grundstücke verzichte. Der Kläger ging auf die Bedingung ein, erhob aber später Klage. Der Vertrag wurde vom Gericht
aufgehoben.

Sir W. M. James, L. J., führte dazu aus, die Beklagten hätten zwar in
gutem Glauben gehandelt, sie seien aber nicht berechtigt gewesen,

---

[5] z. B. Anson/Guest, S. 251, die den Fall Beningfield v. Baxter (1887) 12
App.Cas. 167 als ein Beispiel von undue influence zitieren, obwohl es sich
eindeutig um einen Fall von Selbstkontrahieren handelt.

[6] Snell, S. 612.

[7] (1871) 7 Ch.App. 104.

[8] (1866) 2 Eq. 789.

praktisch ein neues Testament anstelle des vom Erblasser errichteten zu setzen. Sie hätten gegen ihre Pflichten als trustees verstoßen, indem sie den Verpächter beeinflußt hätten, sein Einverständnis zu verweigern. Vor allem hätten sie die so erlangte Macht nicht ausnutzen dürfen, um den Kläger zu zwingen, ihren Plänen zuzustimmen.

Um einen Fall von unzulässiger Einflußnahme handelt es sich auch in der zweiten Entscheidung. Der Kläger betrieb — ursprünglich mit seinem Vater— eine Baumwollspinnerei. Die Firma war völlig verschuldet. Hauptgläubiger war John Hartley, der später verstorbene Onkel des Klägers. Hartley erklärte sich bereit, der Firma einen weiteren Kredit von £ 3.000 zu geben, wenn das gesamte Vermögen von Vater und Sohn an ihn als trusteeübertragen würde. Die Parteien schlossen einen Vertrag mit dem Inhalt, daß Hartley das Geschäft so lange führen sollte, wie er es für richtig hielt. Er sollte die Geschäftsschulden bezahlen, ein etwaiger Überschuß sollte Vater und Sohn zustehen.

Hartley übernahm also das Vermögen und zahlte die Schulden zurück. Von Zeit zu Zeit machte er eine Aufstellung von dem Betrag, der ihm noch geschuldet werde. Dabei erschien nach sechs Jahren zum ersten Mal ein Betrag von £ 1.000 als „bonus für sechs Jahre". Nach dem Vertrag sollte dem Onkel nur das geschuldete Kapital nebst fünf Prozent Zinsen zustehen. Nach weiteren fünf Jahren führte Hartley in seinen Abrechnungen einen Betrag von £ 3.700 als bonus zu seinen Gunsten auf und ließ den Kläger ein entsprechendes Schuldanerkenntnis unterschreiben.

Der Kläger trug im Prozeß vor, der Onkel, Hartley, hätte sein ganzes Vermögen in der Hand gehabt, er hätte ihn völlig ruinieren und seines Lebensunterhalts berauben können. Außerdem habe er ihm zu verstehen gegeben, daß er ihn mit einer größeren Summe in seinem Testament bedenken werde. Dies alles habe ihn davon abgehalten, mit dem Onkel über die bonus-Beträge zu diskutieren.

Das Gericht hob die Anerkenntnisse des Klägers auf. Ein trustee dürfe, selbst wenn er seinem beneficiary noch so gute Dienste geleistet habe, nicht die Herausgabe des Eigentums bzw. Auflösung des trusts davon abhängig machen, daß er einen bonus erhielte. Wenn Hartley die Aufgabe des trustees unentgeltlich, nur um der größeren Sicherheit willen, übernommen habe, könne er nicht plötzlich ein Entgelt für seine Dienste fordern, es sei denn, der Kläger sei in der Lage gewesen, sich einen anderen trustee zu wählen. Da der Onkel jedoch die Dauer des trusts bestimmen konnte, blieb dem Kläger keine andere Wahl. Seine Klage mußte daher Erfolg haben.

In allen anderen Entscheidungen handelt es sich um Fälle, in denen Verträge zwischen trustees und beneficiaries, Testamentsvollstreckern und Erben, Konkursverwaltern und Gemeinschuldnern aufgehoben wurden, weil der Treuhänder nicht beweisen konnte, daß er aus seiner Stellung keinen ungebührenden Vorteil gezogen hatte.

In *Grosvenor v. Sherratt*[9] wurde ein Kaufvertrag eines Testamentsvollstreckers mit der 22jährigen Erbin aufgehoben, obwohl ein fairer Preis gezahlt worden war. Der Testamentsvollstrecker hatte lediglich nicht nachweisen können, daß die Erbin den höchstmöglichen Preis erhalten hatte. In *Plowright v. Lambert*[10] verkaufte ein beneficiary dem trustee seinen Anteil am Nachlaß für £ 900, weil er sich in Schwierigkeiten befand. Später stellte sich heraus, daß der Anteil einen Wert von £ 4.000 hatte. Das Gericht hob hervor, daß der Vertrag nur dann hätte Bestand haben können, wenn das Verhältnis trustee-beneficiary vorher aufgelöst worden wäre, so daß die Parteien „at arm's length" zueinander gestanden hätten, oder wenn der trustee hätte nachweisen können, daß er dem beneficiary Aufschluß über alle wesentlichen Tatsachen gegeben hatte. Da dieser Beweis nicht geführt werden konnte, wurde der Vertrag aufgehoben.

Es gelten also für alle Treuhandverhältnisse die gleichen Regeln wie im Verhältnis von Anwalt und Klient.

2. Agent und principal

In englischen Lehrbüchern findet man gelegentlich den Hinweis, daß auch Geschäfte zwischen agent und principal der Vermutung von undue influence unterliegen[11]. Mit agency bezeichnet man jede Art von Stellvertretung, aber auch das entsprechende Innenverhältnis. Die Zitate beziehen sich jedoch durchweg auf obiter dicta. Richtig ist, daß diese Beziehung eine „fiduciary relation"[12] darstellt.

Der agent hat wie der trustee und der Anwalt eine Aufklärungspflicht, wenn er etwas von seinem principal erwerben will. Das gilt vor allem für den „agent employed to sell property"[13].

Dagegen gibt es keine englische Entscheidung, in der beispielsweise eine Schenkung deshalb aufgehoben worden wäre, weil Schenker und Beschenkter im Verhältnis von principal und agent zueinander standen und der agent nicht nachweisen konnte, daß der principal independant

---

[9] (1860) 28 Beav. 659.
[10] (1885) 52 L.T. 646.
[11] Halsbury, 17. Bd. S. 681 Nr. 1311.
[12] Wie zum Beispiel auch das Verhältnis von Eheleuten. Wegen weiterer fiduciary relations, die nicht gleichzeitig die Vermutung von undue influence begründen, vgl. Kerr, S. 185 ff.
[13] Cane v. Lord Allen (1814) 2. Dow.P.C. 289; Cutts v. Salmon (1852) 21 L.J.Ch. 759.

legal advice hatte[14]. Vielmehr ergibt sich aus der Entscheidung *in Re Coomber*[15] eindeutig, daß das Verhältnis von principal und agent nicht zu den verdächtigen Vertrauensverhältnissen gehört.

Es handelte sich um folgenden Fall: Der Beklagte hatte von seiner Mutter das Geschäftsvermögen (Pachtrechte, Kundenstamm usw.) seines Vaters erhalten. Er hatte das Geschäft vorher lange Zeit zuerst für den verstorbenen Vater und dann für seine Mutter geführt. In dem Vertrag war kein Entgelt vorgesehen. Der Beklagte setzte der Mutter jedoch eine Rente aus, die er bis zu ihrem Lebensende bezahlte. Nach dem Tod der Mutter erhob der ältere Bruder des Beklagten die Klage. Nach seiner Auffassung konnte das Geschäft zwischen Mutter und Sohn nur Bestand haben, wenn sein Bruder nachwies, daß die Mutter unabhängige rechtliche Beratung gehabt hatte.

Neville, J., wies die Klage ab mit der Begründung, die Schenkung sei auf die Zuneigung zwischen Mutter und Sohn und nicht auf ein Vertrauensverhältnis zurückzuführen. Der Court of Appeal bestätigte die Entscheidung, betonte jedoch gegenüber dem erstinstanzlichen Urteil, daß der Beklagte der agent seiner Mutter gewesen sei und daß insofern auch ein Vertrauensverhältnis bestanden habe. Allerdings begründe nicht jedes Vertrauensverhältnis zwischen Schenker und Beschenktem die Vermutung von undue influence, sondern nur solche Vertrauensverhältnisse, die auf eine unzulässige Beeinflussung schließen ließen[16]. Im vorliegenden Fall hätte der Sohn möglicherweise eine Offenbarungspflicht gehabt, wenn er das väterliche Geschäft von der Mutter gekauft hätte. Da sie es ihm jedoch schenken wollte, war es sogar unerheblich, daß sie den genauen Wert des Geschäfts nicht kannte. Es genügte, daß ihr alle Konsequenzen ihres Handelns von einer unabhängigen Person vor Augen gehalten wurden.

Etwas anderes läßt sich auch nicht aus *Moxon v. Payne*[17] herleiten. Dort hatte ein kleiner Angestellter nach dem Tode seines Arbeitgebers das Vertrauen der Witwe gewonnen. Er ließ sich von ihr zum Direktor und Teilhaber machen und unter Vertragsstrafe versprechen, daß auch ihr Sohn nach Erreichen der Volljährigkeit ihn als Hauptteilhaber anerkennen sollte. Der Unterschied zum vorhergehenden Fall besteht darin, daß der Angestellte sich aktiv des Vertrauens der Witwe bemächtigte, um es für seine Zwecke zu nutzen.

Man muß daher zusammenfassend feststellen, daß im englischen Recht das Verhältnis von agent und principal nicht die Vermutung von

---

[14] So wie hier Chitty, § 360.
[15] (1911) 1 Ch. 723.
[16] Buckley, L.J. a.a.O.
[17] (1873) 8 Ch.App. 881.

undue influence begründet, wenn nicht besondere Umstände hinzutreten.

VI. Untypische Vertrauensverhältnisse

Wenn auch nicht jede „fiduciary relation" zu der Vermutung von
undue influence führt, sobald die Partei, der Vertrauen entgegenge-
bracht wird, einen geschäftlichen Vorteil erlangt, so entsteht die Vermutung andererseits nicht nur in den bekannten Fällen familiärer oder
berufsbedingter Vertrauensverhältnisse. Es gibt vielmehr eine große
Zahl von Entscheidungen, die sich mit undue influence in Fällen untypischer Vertrauensverhältnisse befassen. Die fünf wichtigsten sollen
an dieser Stelle behandelt werden, weil eine deutliche Beziehung zu
den Regeln besteht, die bei Anwälten, Treuhändern und agents Anwendung finden.

Diese Fälle sind zu unterscheiden von den Entscheidungen, in denen
ein Vertrag wegen „domination" der einen Partei über die andere aufgehoben wurde. Die untypischen Vertrauensverhältnisse gehören zu
den „suspected relations"[1].

Der bekannteste Fall ist *Huguenin v. Baseley*[2]. Die Klägerin war,
nachdem sie Landbesitz in England geerbt hatte, mit ihrem Mann aus
Jamaika nach England gekommen. Der Ehemann starb bald danach, sie
stand allein und wußte nicht, wie sie ihr Vermögen verwalten sollte. Sie
hatte das Gefühl, daß die Anwälte, die das bisher für sie erledigt hatten,
ihre Interessen nicht genügend wahrten. Mr. Baseley, ein Geistlicher,
dessen Bekanntschaft sie in England gemacht hatte, erbot sich, die Vermögensverwaltung zu übernehmen. Er wollte ihr Vermögen in einer
Weise anlegen, daß sie es nachher leicht selbst überwachen könnte. Das
schrieb sie ihren bisherigen Anwälten und entzog ihnen die Verwaltung.
Die Neuordnung ihres Vermögens vollzog sich in zwei Verträgen, von
denen sie einen nach ihrer zweiten Heirat wegen undue influence an-
focht. In diesem Vertrag hatte sie ihr Haus in Hampton Gay auf einen
trust übertragen, der für den Beklagten das Wohnrecht und eine An-

---

[1] Spencer Bower (§ 404, 427) trifft diese Unterscheidung nicht, sondern
stellt der Ausnutzung der klassischen Vertrauensverhältnisse (Eltern, Ärzte,
Priester, Anwälte), die er als Ausnutzung von „influence" bezeichnet, die
Ausnutzung von „confidence" gegenüber, unter die er alle anderen entschiedenen Fälle von undue influence faßt. Diese Einteilung ist natürlich
ebenfalls möglich. Sie ist aber nicht zwingend, weil die Ausnutzung von
Autorität (influence) und Vertrauen (confidence) sich oft überschneiden.
Zudem ist sie verwirrend, weil sie der seit Allcard v. Skinner üblichen Einteilung durch die Rechtsprechung entgegensteht. Auch Winder unterscheidet
nicht zwischen untypischen Vertrauensverhältnissen und Fällen von domination (M.L.R. 1939, S. 103).

[2] (1807) 14 Ves. 273.

wartschaft auf das Grundeigentum für ihn und seine Kinder nach ihrem Tod beinhaltete. Die Klägerin sollte für die Gewährung des Wohnrechts eine Jahresrente von £ 400 erhalten, ein Betrag, der dem wirklichen Wert des Grundstücks nicht angemessen und nicht durch eine persönliche Verpflichtung eines der am trust Beteiligten gesichert war. Der trust war unwiderruflich, außer wenn eine Anzahl von Personen zustimmte, die schwer zusammenzubekommen war. Die Anwälte des Beklagten trugen vor, so ungewöhnlich und belastend dieser Vertrag für die Klägerin auch sei, jeder habe das Recht, sein Vermögen wegzugeben, wie er es für richtig halte. Daß er dabei in erster Linie einen Freund bedenke, sei nur natürlich. Sir Samuel Romilly, der Vertreter der Klägerin, argumentierte in erster Linie, daß der Beklagte seinen Einfluß als Geistlicher ausgenutzt habe. Er berief sich auf die Lehre Pothiers über Schenkungen an Beichtväter im alten französischen Recht[3] und bezeichnete in seiner offenbar sehr eindrucksvollen Replik[4] den Einfluß, den ein Geistlicher auszuüben imstande sei, als den stärksten, den ein Mensch über den anderen gewinnen könne[5]. Aus diesem Grund wird Huguenin v. Baseley von einigen Autoren als ein Fall geistlichen Einflusses angesehen[6]. Diese Einordnung ist jedoch nicht richtig[7]. Baseley war zwar zufällig Geistlicher, und das mag vielleicht sein Ansehen bei der Klägerin gehoben haben. Er war aber nicht ihr Seelsorger.

Der Richter, Lord Eldon, ging daher auch nicht auf Sir Samuel Romillys Argumentation ein. Für ihn war vielmehr entscheidend, daß der Beklagte als Freund der Klägerin sich angeboten hatte, ihr Vermögen für sie anzulegen. Der Vertrag, zu dem er ihr geraten habe, habe den erstrebten Zweck aber nicht erfüllt. Dadurch sei nämlich nicht, wie er ihr versprochen habe, ihr Vermögen überschaubarer geworden, sondern es habe sich um eine reine Schenkung an ihn selbst gehandelt. Besonderes Gewicht legte Lord Eldon auf das praktisch nicht vorhandene Rücktrittsrecht und auf das Fehlen unabhängiger rechtlicher Beratung beim Vertragsschluß. Von ihren ursprünglichen Anwälten habe die Klägerin sich getrennt. Zwar sei nicht erwiesen, daß der Be-

---

[3] s. o. § 1 I.

[4] Cottenham, L.J. erwähnt in Dent v. Bennet (1839) 4 My. & Cr. 269 (277), er habe damals Gelegenheit gehabt, Sir Samuel Romillys berühmte Replik zu hören und sei so beeindruckt gewesen, daß die Erinnerung daran nach mehr als 30 Jahren nicht verblaßt sei.

[5] S. 532; Sir Samuel Romillys Ausspruch hat dadurch, daß er von vielen Urteilen übernommen wurde (z. B. Nottidge v. Prince [1860] 2 Giff. 246, 263), den Rang einer authority erhalten.

[6] So Gay, S. 81; vgl. auch Anson/Guest, S. 234, Hanbury/Maudsley, S. 614 und Winder, M.L.R. 1939 S. 93, 103.

[7] Lord Abinger in Middleton v. Sherburne (1841) 4 Y. & C. Ex. 358 (391).

klagte ihren Unmut gegen ihre früheren Anwälte geschürt habe. Andererseits habe er sie aber auch nicht von dem Bruch mit ihren Anwälten abgehalten, sondern ihn sich zunutze gemacht. Es sei unbeachtlich, daß der Anwalt, der den Vertrag aufsetzte, sie gefragt habe, ob sie nicht lieber ein Testament machen wolle. Indem er bei der Abfassung des Vertrages in der vorliegenden Form mitwirkte, habe sich der Anwalt mitschuldig gemacht an einem Akt, der die Klägerin zugunsten Baseleys ihres Eigentums beraubte. Es komme nicht darauf an, ob der Vertrag zur Zeit des Abschlusses ihrem Willen entsprochen habe, sondern darauf, wie ihre Willensbildung zustande gekommen sei[8]. Ihr Entschluß beruhte jedoch nach Lord Eldons Ansicht auf der falschen Vorstellung, durch den Vertrag würden ihre Vermögensverhältnisse überschaubarer, sowie darauf, daß sie sich über das fehlende Rücktrittsrecht überhaupt keine Gedanken machte.

Ein jüngerer Fall, der zumindest auf den ersten Blick ganz ähnlich aussieht, ist *Inche Noriah v. Shaik Allie Bin Omar*[9]. Die Klägerin, eine sehr betagte Malaiin, die in Singapur lebte, hatte ihr gesamtes Vermögen ihrem Neffen übertragen, der ihr Einkommen bisher für sie verwaltet hatte. Als Gegenleistung sollte sie lediglich eine Jahresrente von £ 30 erhalten. Zum Zeitpunkt der Übertragung war sie ungefähr 80 Jahre alt und so schwach, daß sie das Haus nicht mehr verlassen konnte. Für alle ihre Bedürfnisse sorgten ihr Neffe und dessen Frau, die im Nachbarhaus lebten. Die Klägerin war völlige Analphabetin. Der Beklagte beauftragte einen Anwalt damit, den Vertrag aufzusetzen und ihn der Klägerin zu erklären. Der Anwalt fragte die Klägerin, ob die Schenkung ihrem Willen entspräche, und machte sie darauf aufmerksam, daß eine Schenkung nicht widerruflich ist. Er wußte allerdings nicht, daß sie praktisch ihr ganzes Vermögen weggab. Er wies sie auch nicht darauf hin, daß sie den Beklagten auch testamentarisch bedenken konnte, wenn ihr daran lag, daß er nach ihrem Tod ihr Vermögen erhalten sollte.

Ein anderer Anwalt begab sich im Auftrag von Verwandten, die von der beabsichtigten Schenkung gehört hatten, zu ihr. Die Klägerin war sehr ärgerlich über sein Kommen, erklärte ihm, daß sie die Schenkung freiwillig mache, daß der Beklagte für sie sorge und daß sie nicht daran denke, von der Übertragung Abstand zu nehmen.

Das Gericht der ersten Instanz gab der Klage statt. Der Richter ging davon aus, daß sich die Klägerin zur Zeit des Vertragsabschlusses ganz

---

[8] "the question is not whether she knew what she was doing, had done, or proposed to do, but how the intention was produced." Dieser Satz wird in fast jeder neueren Entscheidung zitiert.

[9] (1929) A.C. 127.

in der Hand des Beklagten befunden habe. Sein Einfluß über sie sei so vollkommen gewesen, daß die Vermutung entstanden sei, er habe die Schenkung durch Ausübung von undue influence erworben. Diese Vermutung habe der Beklagte nicht widerlegen können. Das Berufungsgericht in Singapur hob die Entscheidung auf. Der Privy Council entschied jedoch wieder im Sinne des ersten Richters. Er hob hervor, der Nachweis von independant advice sei die beste und gebräuchlichste, aber nicht die einzige Möglichkeit, um eine Schenkung in einem verdächtigen Vertrauensverhältnis aufrechtzuerhalten. Wolle der Beklagte sich jedoch auf diese Weise entlasten, müsse er zugleich beweisen, daß der Anwalt, der die Beratung übernommen hatte, über alle wesentlichen Tatsachen informiert war[10].

In *Tate v. Williamson*[11] findet sich der Satz, daß die Gerichte immer vorsichtig darauf geachtet hätten, sich in ihrer Rechtsprechung über undue influence nicht zu sehr festzulegen. Wo immer zwei Personen in einem Vertrauensverhältnis zueinander ständen, so daß, solange das Verhältnis andauere, die eine der anderen notwendigerweise Vertrauen entgegenbringe und die andere den gewonnenen Einfluß mißbrauche oder ihn einsetze, um einen geschäftlichen Vorteil zu Lasten der anderen zu erhalten, könne dieser Person nicht gestattet werden, den Vorteil zu behalten, auch wenn das Geschäft gültig wäre, wenn keine solche Vertrauensbeziehung zwischen den Parteien bestanden hätte.

Es handelte sich um folgenden Fall: Tate, ein junger Mann von 23 Jahren, war Eigentümer eines Grundstücksanteils, der ihm £ 440 im Jahr einbrachte. Er war in Bedrängnis, weil er seine College-Schulden in Höhe von £ 1.000 nicht bezahlen konnte. Da er mit seinem Vater in Streit lebte, wandte er sich an seinen Großonkel und bat ihn um Hilfe und Rat, wie er die Schulden bezahlen solle. Der Onkel war krank und sagte daher einem Neffen, dem Beklagten, er solle sich um die Sache kümmern. Er gab ihm eine Aufstellung der Schulden Tates. Der

---

[10] Folgende Fälle, denen ähnliche Sachverhalte zugrunde liegen, wie Huguenin v. Baseley und Inche Noriah, wurden ebenso entschieden:
Taylor v. Obee (1816) 3 Price 83: Landverkauf einer alten Frau an einen Baumeister und Freund ihres Mannes; Griffiths v. Robins (1818) 3. Madd. 191: alte, blinde Frau schenkte ihrer Nichte und deren Mann, auf deren Fürsorge sie angewiesen war, ihr kleines Vermögen; Custance v. Cunningham (1860) 13 Beav. 363: Schenkung seitens einer alten Frau an einen Mann, in dessen Haus sie lebte; Hobday v. Peters (No. 1) (1860) 28 Beav. 349: Bürovorsteher eines Anwalts erhält Einblick in die Vermögensverhältnisse einer alten Frau. Er kauft ihr Geschäft und die Hypotheken, die auf ihrem Grundstück lasten, zu einem niedrigen Preis; Cavendish v. Strutt (1903) 19 T.L.R. 483: Älterer Mann beriet jüngeren über die Anlage seines Vermögens in einem trust. In diesem trust wurde der Ältere selbst begünstigt. Der trust konnte ohne Zustimmung des Älteren nicht widerrufen werden.
[11] (1866) 2 Ch.App. 55.

Beklagte meinte, sie könnten durch einen Vergleich mit den Gläubigern um die Hälfte gesenkt werden, und der Onkel war bereit, die fehlende Summe vorzuschießen. Als Tate und der Beklagte zu ihrer ersten Besprechung zusammentrafen, wollte Tate von einem Vergleich jedoch nichts wissen, weil er es für unehrenhaft hielt, die Schulden zu drücken. Vielmehr meinte er, er könne das Geld aufbringen, indem er seinen Grundstücksanteil verkaufe. Der Beklagte bot ihm darauf an, den Anteil selbst für £ 7.000 zu kaufen. Tate nahm dieses Angebot am folgenden Tag an. Bevor der Vertrag unterzeichnet wurde, erhielt der Beklagte von einem Schätzer ein Gutachten, das den Wert der Minen unter dem Grundstück mit £ 20.000 bezifferte. Der Kauf wurde abgeschlossen, ohne daß Tate von dieser Schätzung erfuhr. Tate starb nicht lange danach. Seine Erben fochten den Vertrag an.

Lord Chelmsford sah das Vertrauensverhältnis darin, daß der Onkel, den Tate vertrauensvoll um Hilfe gebeten hatte, die Beratung des Großneffen zwar nicht selbst übernahm, sie aber dem Beklagten auftrug, der damit zum Berater Tates in dieser Sache wurde. Dieses Vertrauensverhältnis habe auch nicht damit geendet, daß Tate es abgelehnt habe, sich mit seinen Gläubigern zu vergleichen. Der Beklagte hätte nunmehr versuchen müssen, Tate auf andere Weise zu helfen. Es war zum Beispiel nicht sicher, daß der Onkel nicht auch einen größeren Betrag vorgestreckt hätte. Ferner hätte Tates Vermögen ohne weiteres belastet werden können. Statt Tate zu beraten, wie er am besten aus seinen Schwierigkeiten herauskäme, hatte der Beklagte den Gedanken, das Grundstück selbst zu erwerben, als Tate von Verkauf sprach. Da seine Vertrauensstellung andauerte, mußte er vor dem Abschluß des Kaufvertrages Tate alles mitteilen, was er selbst wußte, also auch den Wert des Schätzgutachtens. Unter diesen Umständen nützte es auch nichts, daß Tate vorher von einem unabhängigen Juristen beraten wurde.

Auch zu diesem Fall gibt es eine moderne Parallele: *Tufton v. Sperni*[12].

Tufton, ein Engländer, der zum mohammedanischen Glauben übergetreten war, wollte durch Wiedererrichtung seines kriegszerstörten Hauses ein Moslem-Kulturzentrum schaffen. Es wurde ein Komitee gegründet, dem außer Tufton selbst ein Anwalt namens Ghafur und der Beklagte Sperni, ein Bauingenieur, angehörten. Sperni, der als fachlicher Berater in das Komitee gewählt worden war, kam bald zu dem Schluß, daß Tuftons Grundstück für den geplanten Zweck nicht geeignet war. Gleichzeitig erkannte er, daß Tufton einerseits leichtgläubig und geschäftlich ungewandt, andererseits besessen war von

---

[12] (1952) T.L.R. 516.

dem Gedanken, das geplante Kulturzentrum zu errichten. Er bot ihm daher sein eigenes Grundstück an, zu einem Preis, der das Doppelte des wahren Wertes betrug. Auch die übrigen Bedingungen waren sehr ungünstig für Tufton. Vor allem sollte Sperni ein sieben Jahre währendes Mietrecht zu einem Mietzins von £ 50 zustehen, während Tufton allein ca. £ 300 jährlich als Zinsen auf den hypothekarisch gesicherten Restkaufpreis zahlen mußte. Ferner behielt sich Sperni das Recht vor, das verkaufte Grundstück bis zur Besitzübergabe jederzeit gegen ein ähnliches einzutauschen. Tufton weigerte sich erst, auf das Geschäft einzugehen, weil er nicht wußte, wie er den Kaufpreis aufbringen sollte, stimmte dann jedoch zu.

Der Richter der ersten Instanz wies die Klage ab. Er war der Ansicht, der Kläger habe nicht nachgewiesen, daß es sich um einen Fall von „domination" handle, daß mit anderen Worten Sperni einen solchen Einfluß über ihn erlangt habe, daß sein Wille nur noch das „Vehikel" für Spernis Pläne war.

Auf die Berufung des Klägers gab der Court of Appeal der Klage statt.

Zwischen den Mitgliedern des Komitees habe ein Vertrauensverhältnis bestanden. Dieses Vertrauensverhältnis habe sich nicht lediglich auf die Beratung hinsichtlich der Eignung von Tuftons Grundstück erstreckt, sondern sich auf das gesamte Projekt, die Errichtung des Kulturzentrums, bezogen. Sperni hätte dem Komitee angehört, um bautechnischen und kaufmännischen Rat zu erteilen. Daher hätten die anderen Mitglieder des Komitees darauf vertraut, daß er ihnen in allen Fragen, die mit der Errichtung des Kulturzentrums zusammenhingen, den bestmöglichen Rat erteilte. Das habe er jedoch nicht getan. Vielmehr habe er den Kläger bewußt irregeführt, indem er behauptete, der Preis für sein Grundstück beruhe auf einem großen Entgegenkommen seinerseits, und er habe zahlreiche Angebote mit Rücksicht auf den Verkauf an den Kläger abgewiesen. Aus diesem Grund hielt das Gericht die Ausübung von undue influence für erwiesen.

Der jüngste Fall in dieser Gruppe, in Re Craig, wurde 1970 von Richter Ungoed Thomas entschieden[13]. Craig, ein 84 Jahre alter Mann, der gerade seine Frau verloren hatte, engagierte Mrs. Middleton, eine sehr tüchtige und resolute Dame mittleren Alters, als Sekretärin und Haushälterin. Er konnte — oder wollte — ihr nicht so viel zahlen, wie sie vielleicht in einer anderen Stellung verdient hätte. Sie wies ihn oft auf diesen Umstand hin und drohte, ihn zu verlassen. Er war jedoch mit zunehmendem Alter mehr und mehr auf sie angewiesen. Schon

---

[13] (1970) 2 All.E.R. 390.

während des ersten Monats, den sie bei ihm war, schenkte er ihr £ 1.000 in Schuldverschreibungen. Später kaufte er ihr ein Haus, in das sie gemeinsam zogen. Dafür verkaufte er sein altes Haus.

Schon zu Beginn ihres Auftretens hatte eine gewisse Entfremdung zwischen ihm und seinen alten Freunden stattgefunden, wobei nicht geklärt werden konnte, wieweit Mrs. Middleton dazu beigetragen hatte. Nach dem Umzug in das neue Haus in einer anderen Gegend verloren sich durch die räumliche Entfernung die alten Kontakte zu Freunden und Verwandten mehr und mehr.

Weitere Schenkungen folgten: im ganzen bis August 1964 £ 27.951. Craigs Vermögen war damit von ca. £ 40.000 auf ca. £ 9.500 gefallen.

Mrs. Middleton lebte ständig mit Craig zusammen und regelte mit ihm seine ganzen Geschäfte. Nach seinem Tod fochten seine Erben die Schenkungen an.

Der Richter entschied, der Fall gehöre in die erste Kategorie von undue influence (suspected relations). Außer dem engen Vertrauensverhältnis[14] sei von den Klägern zu beweisen gewesen, aber auch bewiesen worden: "a gift so substancial (or of such nature) that it can not prima facie be reasonably accounted for on the ground of the ordinary motives on which ordinary men act."

Der Gegenbeweis, daß der Schenkende nach gründlicher und freier Überlegung sowie in voller Kenntnis der Umstände gehandelt habe[15], sei nicht erbracht. Zwar hätten verschiedentlich dritte Personen, der Bankier und der Anwalt Craigs, von einzelnen erheblichen Schenkungen gewußt. Der Bankier habe sich jedoch nach einem Vorwurf Craigs, er solle sich nicht in seine Angelegenheiten mischen, zurückgehalten. Der Anwalt, der bei der Schenkung mitwirkte, habe nur darauf geachtet, ob Craig im Besitz seiner geistigen Kräfte gewesen sei. An undue influence habe er nicht einmal gedacht. Außerdem habe der Anwalt für beide Parteien, Craig und Mrs. Middleton, gehandelt.

Nach Auffassung des Richters erfüllte der Fall aber auch die Voraussetzungen von „domination". Zwar hätte Mrs. Middleton nicht gesagt: „Wenn Sie mir kein Geld geben, gehe ich meiner Wege", sie habe jedoch öfter mit ihrem Weggehen gedroht, ohne eine bestimmte Forderung damit zu verbinden, und Craig, der sich ohne sie völlig hilflos fühlte, unter Druck gesetzt.

Aus den fünf angeführten Fällen lassen sich die Grundregeln dafür entnehmen, unter welchen Voraussetzungen auch bei Vertrauensver-

---

[14] Der Richter griff auf die Definition in Tate v. Williamson zurück; s. o. Fußnote 11.

[15] Zitat aus Zamet v. Hyman s. o. § 1 II Fußnote 16.

5 Kempermann

hältnissen, die nicht zu den allgemein bekannten gehören, die Vermutung von undue influence begründet ist. Das ist immer dann der Fall,
wenn ein Verhältnis zwischen den Parteien besteht, aus dem notwendig Vertrauen auf der einen und Einfluß auf der anderen Seite
entsteht[16]. Eine solche Vertrauensstellung nimmt regelmäßig der ein,
der sich angesichts der Hilflosigkeit, Unkenntnis in Geschäftsdingen
oder Geldverlegenheit eines anderen zu dessen Berater oder Vermögensverwalter macht[17]. Dazukommen muß, daß der Berater oder Vermögensverwalter mit dem anderen ein Geschäft geschlossen und ihm dabei
wichtige Umstände verschwiegen hat[18], oder daß der von ihm erlangte
Vorteil so hoch gewesen ist, daß es für einen vernünftigen Menschen
kein Motiv geben konnte, einen solchen Vertrag abzuschließen[19].

Die anfechtende Partei muß also nachweisen, daß in concreto ein enges
Vertrauensverhältnis vorlag. Im übrigen verallgemeinern diese Regeln
nur, was auch für die klassischen Vertrauensverhältnisse gilt. Weil
aber die Partei, die den Vertrag aufrechterhalten wollte, sich stets
darauf berief, daß ihre Beziehungen zum Anfechtenden nicht unter die
bekannten Vertrauensverhältnisse fielen, und daß jeder sein Vermögen verschenken oder verschleudern könne, wie es ihm beliebe,
waren die Gerichte gerade in den Fällen untypischer Vertrauensverhältnisse besonders bemüht, die Verzahnung von Einfluß und geschäftlichem Vorteil auf der einen und Vertrauen und geschäftlichem
Nachteil auf der anderen Seite hervorzuheben.

VII. Arzt und Patient

1. Übervorteilung von Patienten

Das Verhältnis zwischen Arzt und Patient gehört zu den verdächtigen
Vertrauensverhältnissen. Ob man der Ansicht ist, in diesem Vertrauensverhältnis bestehe weniger Konfliktstoff als in dem zwischen Anwalt
und Klient[1] oder ob man geneigt ist, den Einfluß des Arztes für den

---

[16] Lord Chelmsford in Tate v. Williamson, s. o. Fußnote 11 und Ungoed
Thomas, J. in Re Craig, s. o. Fußnote 13.

[17] Vgl. Spencer Bower, § 429 S. 392 f.

[18] So in Tate v. Williamson s. o. Fußnote 11.

[19] So in Huguenin v. Baseley s. o. Fußnote 2; Inche Noriah s. o. Fußnote 9;
in Re Craig s. o. Fußnote 13.
Nichtaufklärung und außergewöhnliche Zuwendung treffen zusammen in
Tufton v. Sperni (s. o. Fußnote 12): Sir Raymond Evershed, M.R. neigte dazu,
die Nebenbestimmungen des Vertrages wie Wohn- und Umtauschrecht für
reine Schenkungen zu halten, a.a.O. S. 525 oben.

[1] Schirrmeister, § 84 Nr. 5, S. 514.

stärksten überhaupt zu halten[2], auf jeden Fall zeigen einige der in England entschiedenen Fälle, wie Ärzte auf unlautere oder zumindest sehr undurchsichtige Weise zu erheblichen unentgeltlichen Zuwendungen gekommen sind.

Der bekannteste Fall ist *Dent v. Bennet*[3]. Die klagende Erbengemeinschaft begehrte die Ungültigkeitserklärung eines Vertrages, den der Erblasser angeblich unterschrieben hatte. Aus dem Vertragstext ergab sich, das der Erblasser dem Beklagten £ 25.000, zahlbar nach seinem Tod, versprochen hatte. Dafür sollte ihn der Beklagte bis zu seinem Lebensende unentgeltlich ärztlich behandeln. So jedenfalls erklärte es im Prozeß der Beklagte. Allerdings hatte er, nachdem er die Unterschrift erhalten hatte, das Papier an sich genommen, ohne es selbst zu unterzeichnen, so daß der Erblasser keine Gelegenheit gehabt hätte, die Leistung, die ihm angeblich so viel wert gewesen war, in Anspruch zu nehmen. Außerdem sollte die Zuwendung — so lautete der Text der Urkunde — in Anerkennung für geleistete ärztliche Dienste erfolgen.

Alle Umstände des Falles deuteten darauf hin, daß der Erblasser, sollte die Unterschrift tatsächlich von ihm stammen, den Inhalt des Papiers nicht kannte. Er war 86 Jahre alt und bis auf eine Krankheit, für deren Behandlung er dem Beklagten £ 30 gezahlt hatte, waren seine jährlichen Arztrechnungen außergewöhnlich niedrig. Der Erblasser war weit davon entfernt gewesen, dem Beklagten gegenüber besondere Dankbarkeit zu bezeigen; denn kurz nach der Krankheit, in der ihn der Beklagte angeblich vor dem Tod bewahrt hatte, ließ er ihm mitteilen, er wünsche keine weiteren Besuche von ihm, wenn er fortfahre, dafür Honorar zu fordern. Ferner lieh der Erblasser dem Beklagten zweimal Geld und verlangte Sicherheiten dafür, obwohl die Beträge zu einer Zeit fällig sein sollten, zu der er kaum annehmen konnte, daß er noch leben werde. Schließlich pflegte der Erblasser auch die kleinste Transaktion mit seinem Anwalt zu beraten. Dieser Vertrag war dem Anwalt jedoch unbekannt geblieben.

Der Lordkanzler führte aus, daß zweifellos Verträge zwischen Arzt und Patient mit Mißtrauen betrachtet werden müßten. Es läge ihm jedoch fern, die heilsame Rechtsprechung dieses Gerichts durch Aufzählung bestimmter verdächtiger Vertrauensverhältnisse einzuschränken. Er berufe sich vielmehr auf die berühmte Replik von Sir Samuel Romilly[4], daß jeder Vertrag aufzuheben sei, in dem eine Partei die Willensbildung der anderen beherrscht habe, und das scheine ihm hier aufgrund der Indizien der Fall zu sein[5].

---

[2] Spencer Bower, S. 386, § 425.
[3] (1839) 4 My. & Cr. 269.
[4] In Huguenin v. Baseley (1807) 14 Ves. 273, 285, 286.
[5] Ein ähnlicher Fall ist Ahearne v. Hogan (1844) Dru. 310.

Ebenso wurde in *Allen v. Davis*[6] entschieden. Captain Simpson, ein
sehr alter Mann, der im Greenwich-Hospital lebte, hatte einem Zahnarzt angeblich einen Wechsel (bill of exchange) in Höhe von £ 262 aus-
gestellt. Als Gegenleistung, so behauptete der Zahnarzt, hätte er sich
verpflichtet, Simpson lebenslänglich zu behandeln und ihm eine Zahn-
protese anzufertigen. Der Wechsel war ganz vom Beklagten ausgefüllt,
nur das Akzept sah wie Simpsons Handschrift aus. Allerdings bestand
der deutliche Verdacht einer Fälschung. Niemand war zugegen, als der
Wechsel unterzeichnet wurde, und niemand erfuhr von seiner Existenz.
Simpson starb vor Fälligkeit, und auch nach seinem Tode war der
Beklagte bemüht, die Sache geheimzuhalten. Er klagte nicht selbst aus
dem Wechsel, sondern übergab ihn einem Kollegen, dem er ca. £ 20
schuldete.

Der Vice Chancellor wies darauf hin, daß der Fall in einigen Punkten von *Dent v. Bennet* abweiche, war aber gleichwohl der Ansicht,
selbst nach der eigenen Darstellung des Beklagten müsse man darauf
schließen, daß er arglistig gehandelt habe.

Um eine lebenslange ärztliche Behandlung ging es auch in *Popham
v. Brooke*[7]. In diesem Fall wurde der Vertrag, der für den Arzt eine
lebenslange Rente vorsah, aufgehoben, weil der Arzt aufgrund eigener
Untersuchung und der Untersuchung durch einen Spezialisten wußte,
daß der Patient nur noch kurze Zeit zu leben hatte, ihm das jedoch bei
Vertragsschluß verschwieg.

Die Entscheidung in *Billage v. Southee*[8] dagegen befaßt sich nur mit
einer ungewöhnlich hohen Honorierung bereits geleisteter ärztlicher
Dienste. Die Tochter eines armen Schusters heiratete einen wohlhaben-
den Adeligen. Bevor der Vater mit seiner Tochter die Stadt verließ, um
nach London überzusiedeln, fragte er bei seinem Arzt an, was er ihm
noch schulde. Der Arzt ließ ihn einen Wechsel in Höhe von £ 325 unterzeichnen. Während der Kläger im Prozeß behauptete, er habe geglaubt,
er habe sich nur in Höhe von £ 25 verpflichtet, und der Wechsel sei außerdem nur als Sicherheit für den tatsächlich geschuldeten Betrag bestimmt,
trug der Arzt vor, er habe dem Kläger den Wortlaut des Wechsels vorgelesen, und dieser habe ihn unterzeichnet, um ihn für alle seine Dienste
zu bezahlen.

Der Vice Chancellor stellte fest, daß der Arzt von einem armen
Patienten einen Wechsel in einer Höhe angenommen habe, die selbst die
höchsten Gebührensätze übertraf, und zwar in einem Augenblick, in

---

[6] (1850) 4 De G. & S.M. 133.
[7] (1828) 5 Russ. 8.
[8] (1852) 9 Hare 534.

dem sich die Vermögensverhältnisse des Patienten verbesserten. Das
könne ein equity-Gericht nicht zulassen. Es habe zweifellos ein besonderes Vertrauensverhältnis zwischen den Parteien bestanden. Der
ursprünglich geschuldete Betrag hätte nicht einfach heraufgesetzt
werden dürfen, und wenn er heraufgesetzt wurde, hätte der Kläger
zumindest eine genaue Abrechnung erhalten müssen.

2. Anwendung der Vermutung von undue influence

In *Gibson v. Russel*[9] und in *Radcliff v. Price*[10] wurden Schenkungen
an Ärzte nur aufgrund der Vermutung von undue influence aufgehoben.
In beiden Fällen konnte den Ärzten unlauteres Verhalten nicht ange-
lastet werden. Im ersten Fall konnte die Zuwendung auf der langjährigen Freundschaft mit dem verstorbenen Schenker beruhen, im
zweiten konnte es sich um eine Belohnung dafür handeln, daß der Arzt
lange Zeit eine Stiftung zum Gedächtnis des verstorbenen Mannes der
Schenkerin verwaltet hatte.

In dreien der bekannten Fälle gelang es den Klägern nicht, die je-
weiligen Verträge wegen undue influence eines Arztes anzufechten. Der
erste Fall ist *Blackie v. Clark*[11]. Mrs. Cook lebte nach der Scheidung
von ihrem Mann mit Mr. Boast, ihrem Arzt und Freund zusammen. Sie
übertrug vier Jahresrenten und ihre Lebensrente aus einem Grundstück einer Versicherungsgesellschaft. Boast war bei diesem Geschäft
ebenfalls Partei. Als Gegenleistung erhielt sie £ 6.000. Später focht sie
das Geschäft an, weil sie beim Abschluß unter dem Einfluß von Boast
gestanden habe und ihm der Hauptvorteil aus dem Vertrag zugeflossen
sei. Das Gericht wies die Klage ab, weil die Versicherungsgesellschaft
Mrs. Cook eine nicht nur nominelle Gegenleistung geboten habe, und
weil sie, die Versicherungsgesellschaft, von einer eventuellen Einflußnahme Boasts keine Kenntnis hatte[12].

Im zweiten Fall, *Pratt v. Barker*[13], konnte der Arzt nachweisen, daß er
die Schenkung von seinem Patienten erhalten hatte, nachdem dieser
umfassend von seinen eigenen Anwälten beraten worden war.

In *Mitchell v. Homfray*[14] wäre die Schenkung aufgrund der Vermutung anfechtbar gewesen. Die Schenkerin hatte jedoch nach Beendigung
des Vertrauensverhältnisses die Schenkung mehrere Jahre aufrechter-

---

9 (1843) 2 Y. & C. 104.
10 (1902) 18 T.L.R. 466.
11 (1852) 15 Beav. 595.
12 s. o. § 1 I Fußnote 27.
13 (1826) 1 Sim. 1.
14 (1881) 8 Q.B.D. 587.

halten. Daher bestand nach ihrem Tod keine Anfechtungsmöglichkeit
mehr, selbst wenn sie die Anfechtbarkeit nicht gekannt hätte[15].

Die Entlastungsmöglichkeiten des Arztes sind ähnlich wie beim Anwalt: er muß nachweisen, daß er den Patienten beim Vertragsschluß
über alle wesentlichen Fakten aufgeklärt hat, bei Schenkungen wird
unabhängige rechtliche Beratung[16] und bei entgeltlichen Verträgen eine
faire Gegenleistung gefordert[17].

3. Ausdehnung auf andere Heilberufe —
Leiter privater Heilanstalten

Wie sich aus dem vorangegangenen Kapitel über untypische Vertrauensverhältnisse ergibt, kann die Vermutung von undue influence
je nach Lage des Einzelfalles auf alle anderen Personen, die einen
Heilberuf ausüben, ausgedehnt werden.

Die Entscheidung in *Wright v. Proud*[18] befaßt sich mit der Schenkung an den Besitzer eines Irrenhauses. Mills mußte schon als Junge in
ein privates Heim für Geisteskranke gegeben werden, in dem er später
viele Jahre als Patient verbrachte. Später konnte er geheilt werden,
lebte jedoch als zahlender Gast des Besitzers des Heimes weiter im
Hause. Diesem übertrug er aus Dankbarkeit für gute Behandlung sein
gesamtes Vermögen, ohne sich selbst auch nur eine Rente vorzubehalten.
Der Lordkanzler entschied, der Vertrag könne auf keinen Fall Bestand
haben. Durch die Schenkung sei Mills in die materielle Lage eines
Geisteskranken zurückversetzt worden. Seine Situation sei sogar noch
schlimmer gewesen. Während für den Geisteskranken die Möglichkeit
bestanden hätte, nach seiner Heilung das Haus zu verlassen, sei Mills
Zeit seines Lebens an das Irrenhaus gefesselt gewesen.

Auf diese Entscheidung beruft sich ein Urteil des Court of Protection,
in Re C M G (1970)[19].

Der Vormundschaftsrichter, Stamp, J., lehnte es ab, den Vermögens-
pfleger (receiver) einer Geisteskranken zu einer Schenkung an den
Verwaltungsrat der privaten Nervenklinik, in der die Geisteskranke
untergebracht war, zu ermächtigen. Sec. 103 (I) (d), 102 (I) (c) des Mental
Health Acts von 1959 sehen vor, daß der Richter die Ermächtigung
zu Schenkungen erteilen kann, von denen anzunehmen ist, daß der
Patient sie gemacht hätte, wenn er geistig gesund gewesen wäre. Stamp,

---

[15] Zur Verwirkung vgl. oben § 1 I Fußnote 29.
[16] Vgl. Mitchell v. Homfray (1881) 8 Q.B.D. 587.
[17] Popham v. Brooke (1828) 5 Russ. 8.
[18] (1806) 13 Ves. 136.
[19] 2 All E.R. 740.

J., stellt klar, daß nach dieser Vorschrift die Ermächtigung zu einer Schenkung an den Leiter oder Inhaber einer Heil- und Pflegeanstalt nicht bereits deshalb gegeben werden darf, weil der Patient selbst sie wünscht. Es muß vielmehr in einem solchen Fall nachgewiesen werden, daß der Patient den Gedanken an die Schenkung frei von unlauterer Beeinflussung fassen konnte.

VIII. Geistlicher Einfluß

1. Zuwendungen an Religionsdiener

Die erste englische Entscheidung, die sich mit der unlauteren Ausnutzung geistlichen Einflusses befaßt hat, ist *Norton v. Relly*[1]. Die Klägerin, eine unverheiratete Dame, hatte dem Beklagten schenkungsweise eine Jahresrente in Höhe von £ 50 ausgesetzt. Der Beklagte war ein „unabhängiger" Geistlicher, der einer religiösen Gemeinschaft vorstand. Er hatte die Klägerin mehrfach auf dem Lande besucht und schließlich überredet, mit ihm in die Stadt zu ziehen. In der Stadt lebte sie in einem von hohen Mauern umgebenen Haus, zu dem niemand Zutritt hatte, außer dem Beklagten und dem Anwalt, der den streitigen Vertrag über die Jahresrente entworfen hatte.

Der Beklagte trug vor, die Klägerin habe ihm die Rente ausgesetzt, da sie ihn sehr geschätzt und mehr und mehr seine gesamte Zeit in Anspruch genommen habe.

Das Gericht (Lord Northington) war jedoch anderer Ansicht. Schon von Natur aus zu religiöser Schwärmerei neigend, sei die Klägerin durch den Einfluß des Beklagten in einen religiösen Rausch getrieben worden. Das habe er ausgenutzt, um es sich auf ihre Kosten wohlergehen zu lassen. Daß er die Rente angenommen habe, komme einem Anschlag auf ihr Vermögen gleich.

Die Entscheidung leidet darunter, daß bereits die Darstellung des Sachverhalts voll von negativen Wertungen ist, daß Lord Northington aus seiner Antipathie gegen den Beklagten kein Hehl machte und sich zu Beschimpfungen und ironischen Äußerungen hinreißen ließ. Der Wert des Urteils als Autorität ist daher gelegentlich bestritten worden[2]. Tatsächlich geht aus dem Sachverhalt, soweit er in der Entscheidungssammlung enthalten ist, nicht zwingend hervor, daß die Schenkung durch aktive unlautere Beeinflussung seitens des Beklagten zustande gekommen war. Andererseits ist bemerkenswert, daß Lord Northington

---

[1] (1764) 2 Eden 286.
[2] So der Anwalt des Beklagten, Bacon, in Nottidge v. Prince (1860) 2. Giff. 246.

Zuwendungen von Gläubigen an Geistliche zwar nicht generell für verdächtig hielt, daß er aber bereits 1764 den Vertrag vor allem deshalb für
nichtig erklärte, weil kein Anwalt der Klägerin vor Abschluß des
Schenkungsvertrages gesagt hatte, dieses Geschäft könne nur dann
gültig sein, wenn es fair und offen zustande komme, das heißt vor
allem, wenn ihre Freunde zuvor davon erführen.

Daß das Vertrauensverhältnis zwischen Geistlichen und Gläubigen
mindestens ebenso verdächtig wie das zwischen Vormund und Mündel
sei, betonte zum ersten Mal Sir Samuel Romilly in seinem Plädoyer in
Huguenin v. Baseley[3]. *Norton v. Relly* war zu dieser Zeit offenbar nicht
bekannt, so daß er sich auf Pothier und das französische Recht berufen
mußte.

Ungefähr vierzig Jahre später hatte Lord Abinger in *Middleton v.
Sherburne*[4] zu entscheiden, ob Schenkungen und zwei Testamente zugunsten des Beichtvaters des Erblassers anfechtbar waren. Allerdings
kann man Testamente nach englischem Recht nicht schon deshalb zu
Fall bringen, weil auf den Testator Einfluß ausgeübt worden ist. Ein
gewisser Einfluß des Bedachten zeigt sich bei allen Testamenten und
ist durchaus legal. Vielmehr muß, wenn das Testament anfechtbar sein
soll, der Einfluß, der auf den Erblasser ausgeübt wurde, einen Grad
erreichen, der eine freie Willensbildung unmöglich macht[5]. In diesem
Fall sprach einiges dafür, daß der Beichtvater tatsächlich einen beherrschenden Einfluß auf den Erblasser ausgeübt hatte, vor allem war
er gleichzeitig mit dessen Vermögensverwaltung befaßt gewesen. Deshalb verwies Lord Abinger den Fall zur Beantwortung dieser Frage an
eine Jury und ließ offen, ob die Schenkungen bereits aufgrund eines
verdächtigen Vertrauensverhältnisses anfechtbar waren. Der Fall fand
sein Ende dadurch, daß die Parteien sich vor der Entscheidung durch die
Jury verglichen.

Grotesk, aber zugleich erschütternd, sind die Fälle, die von Opfern
des religiösen Fanatismus handeln.

In *Nottidge v. Prince*[6] klagte der Testamentsvollstrecker Mrs. Nottidges auf Herausgabe ihres Vermögens, das sie dem Beklagten Prince zu
ihren Lebzeiten geschenkt hatte. Prince war Geistlicher und Leiter einer
religiösen Gemeinschaft. Er hatte bereits drei Schwestern von Mrs.
Nottidge mit dreien seiner Anhänger verheiratet und sich auf diese
Weise in den Besitz ihres Vermögens gesetzt. Das Vermögen der

---

[3] s. o. § 2 VI Fußnote 2.
[4] (1841) 4 Y. & C.Ex. 358.
[5] s. u. § 2 IX.
[6] (1860) 2 Giff. 246.

Klägerin ließ er sich übertragen, nachdem sie aus einer Nervenheilanstalt entlassen worden war. Die Ärztekommission (commission in lunacy) hatte festgestellt, daß sie unter religiösem Wahn litt, der jedoch in der Anstalt nicht heilbar sei. Es sprächen aber keine Anzeichen dagegen, daß sie ihr Vermögen selbst verwalten könne.

Der Beklagte betrachtete sich als „Zeugen Gottes", durch den der Heilige Geist unmittelbar spräche. Die Gemeinschaft strafte jeden, der an den göttlichen Eingebungen des Beklagten zweifelte, mit gesellschaftlicher Isolierung und verfolgte ihn mit schweren Vorwürfen. Auf welche Weise der Beklagte seinen Einfluß ausnutzte, um Geld von seinen Anhängern zu erhalten, zeigt ein Brief an Mrs. Nottidge mit dem Wortlaut: „Der Herr benötigt 50 Pfund für einen bestimmten Zweck zu seiner Ehre. Der Geist möchte, daß Sie davon Kenntnis erhalten. Amen."

Der Richter (Sir John Stuart) stellte fest, das ausschlaggebende Moment für die Schenkung sei der Glaube Mrs. Nottidges gewesen, daß der Beklagte mit göttlichen Gaben ausgestattet sei, und hob den Vertrag daher auf. Gleichzeitig wies er darauf hin, daß niemand, der zu einem anderen in einem Verhältnis geistlichen Vertrauens stehe, eine unentgeltliche Zuwendung von der Person unter seinem Einfluß erhalten könne, ohne befürchten zu müssen, daß das Gericht die Schenkung aufheben werde, es sei denn, daß alle Vorkehrungen gegen eine unlautere Beeinflussung getroffen worden seien.

Ein ähnlicher Fall, *Nelson v. Dodge*[7], ereignete sich beinahe ein Jahrhundert später in den Vereinigten Staaten.

Ein Sektiererehepaar (Beklagte) wollte seinen Schwiegersohn, den Kläger, bewegen, für die Sekte ein neues Haus zu kaufen. Die Schwiegermutter, die als Prophetin der Sekte galt, durch die Gott unmittelbar spräche, verkündete mehrere Monate lang während der Gottesdienste, für ihren Schwiegersohn gebe es keine Hoffnung, er werde sterben und in der Hölle brennen, wenn er sich nicht entäußere. Dabei wurde er auf das Podium gezerrt und vor allen Gläubigen gedemütigt. Diese Behandlung hatte auf die Dauer den gewünschten Erfolg. Völlig im Willen gebrochen, veräußerte er sein ganzes Vermögen einschließlich seiner und seiner Kinder Lebensversicherung, um den Hauskauf zu finanzieren. Später löste sich der Kläger von der Sekte und erhob Klage auf Rückzahlung des Betrages. Das Gericht gab der Klage statt, weil die Vermutung von undue influence entstanden und nicht widerlegt worden sei.

---

[7] Supreme Court of Rhode Island 1949, 68 A 2d 51.

In diesem Fall berief sich das Gericht unter anderem auf eine Entscheidung, die Schenkungen eines Mitgliedes einer Gesundbetersekte zum Inhalt hatte, *In Re Killen's Estate*[8]. Zwar konnte in diesem Fall nicht nachgewiesen werden, daß die Empfänger Druck auf die Schenkerin ausgeübt hatten, die Schenkerin litt jedoch unter schweren religiösen Wahnvorstellungen. Sie unternahm ständig Selbstmordversuche (zuletzt erschoß sie sich), hatte Halluzinationen, meinte, sie müßte ihre Kinder umbringen und glaubte an imaginäre Krankheiten. Ihre Gedanken und Gespräche kannten nur ein Thema: göttliche Heilung. Das Gericht entschied, daß durch ihr Leben in der Sekte und ihr vollkommenes Aufgehen in dieser Gemeinschaft ihre krankhaften Zustände in einem Maße gesteigert worden seien, daß allein aus diesem Grunde die Schenkungen unwirksam sein müßten.

In zweien der in England bzw. Irland entschiedenen Fälle wurden Zuwendungen an Geistliche aufrechterhalten.

In *Kirwan v. Cullen*[9] blieb die Anfechtung der Schenkung einer verstorbenen Dame an den Jesuitenoberen Dr. Curtis und den Erzbischof von Dublin, Dr. Cullen, erfolglos, weil keine Anhaltspunkte für die Ausübung von undue influence gefunden werden konnten. Zwar war Dr. Curtis eine Zeitlang ihr Beichtvater gewesen, er war jedoch einige Jahre vor der Schenkung von einem Mitbruder in dieser Funktion abgelöst worden. Der Richter unterschied den Fall von Huguenin v. Baseley. Es habe sich zwar um einen großen Betrag gehandelt, trotzdem sei der Schenkerin die Hälfte ihres beträchtlichen Vermögens verblieben. Zur Zeit der Schenkung wohnte sie bei ihrer Familie, und die Beklagten konnten nachweisen, daß sie das Geld als trustees für einen wohltätigen Zweck erhalten hatten.

In *Parfitt v. Lawless*[10] wurde ein Testament zugunsten des Beichtvaters und langjährigen Hauskaplans der Erblasserin bestätigt. Es konnte nicht der Beweis erbracht werden, daß der Beichtvater für die Abfassung eines solchen Testaments eingetreten wäre, daß er Zwang oder Herrschaft über die Erblasserin ausgeübt oder sie in einer Weise, der sie nicht widerstehen konnte, gedrängt hätte, zu seinen Gunsten zu testieren.

Religiöser Einfluß kann natürlich nicht nur von Geistlichen ausgeübt werden. In *Allcard v. Skinner*[11] hatte die Klägerin einem protestantischen Frauenorden angehört und einige Zeit nach Ablegung der Gelübde ihr gesamtes Vermögen der Oberin des Ordens übertragen.

---

[8] 72 A 521.
[9] (1854) 4 Ir. Ch. 322.
[10] (1872) L.R. 2 P. & D. 462.
[11] (1887) 36 Ch.D. 171.

Nach der Ordensregel waren die Schwestern zur Übertragung ihres Vermögens an irgendeinen anderen, nicht notwendigerweise den Orden, verpflichtet. Ferner bestimmte die Regel, daß die Schwestern von niemandem, der nicht zum Orden gehörte, Rat suchen durften, wenn die Oberin nicht dabei war.

Nach einigen Jahren trat die Klägerin aus dem Orden aus und klagte nach sechs weiteren Jahren auf Rückzahlung ihres Vermögens.

Wie zu Beginn der Arbeit[12] ausgeführt, ist die Entscheidung von grundlegender Bedeutung für die Lehre von undue influence, weil hier zum ersten Mal ausdrücklich zwischen „domination" und verdächtigen Vertrauensverhältnissen unterschieden wurde. Das Gericht sah nämlich keinen Anhaltspunkt dafür, daß die Oberin planmäßig Druck auf die Klägerin ausgeübt hätte, um sich oder dem Orden einen Vorteil zu sichern. Aus *Huguenin v. Baseley*[13] und *Rhodes v. Bate*[14] leitete es jedoch ab, daß bei Schenkungen zwischen Personen in bestimmten Vertrauensverhältnissen die Ausübung unzulässigen Einflusses vermutet würde, und daß diese Vermutung nur durch den Nachweis von independant legal advice zu widerlegen sei. Von allen Möglichkeiten der Einflußnahme sei der religiöse Einfluß der gefährlichste[15]. Im konkreten Fall war allerdings ausschlaggebend, daß die Klägerin der Oberin unbedingten Gehorsam gelobt und daß sie durch die tatsächlichen Umstände und die Vorschrift der Ordensregel nicht die Möglichkeit hatte, unabhängigen Rat zu erhalten, um auf diese Weise zu einer völlig freien, wohlüberlegten Willensentscheidung zu kommen.

Die Klage wurde dennoch abgewiesen, weil die Klägerin zwischen ihrem Austritt und der Klageerhebung sechs Jahre lang frei von allem Einfluß gewesen war und ihr Schweigen während dieser Zeit als Bestätigung gewertet wurde[16].

Auch *Morley v. Loughnan*[17] wird gelegentlich als Fall von religiösem Einfluß zitiert. Loughnan, der Beklagte, war ursprünglich Reisebegleiter Morleys gewesen. Er gehörte einer religiösen Sekte an, zu der er im Laufe der Zeit auch Morley bekehrte. Nach Morleys Tod durch Selbstmord stellte sich heraus, daß der Verstorbene dem Beklagten insgesamt £ 140.000 geschenkt hatte. Morley hatte die letzten Jahre in Loughnans

---

[12] s. o. § 1 I Fußnote 6.
[13] s. o. § 2 VI Fußnote 2.
[14] s. o. § 2 IV Fußnote 6.
[15] Lindley, L.J. S. 183.
[16] Ein Fall, in dem unlautere Beeinflussung einer Ordensschwester nachgewiesen werden konnte, ist Whyte v. Meade (1840) 2 Ir.Eq.Rep. 420.
[17] (1893) 1 Ch. 736.

Familie gelebt. Von der Außenwelt abgeschnitten und unter schweren Depressionen leidend, war er völlig von Loughnan beherrscht worden. Loughnan hatte sein Vermögen verwaltet und ihm nur das Nötigste zugeteilt. Er hatte darauf geachtet, daß keinerlei Beweise wie Rechnungen und Überweisungsformulare von den Zuwendungen zeugten, und versuchte, Zeugen, die aussagten, Morley habe sich ihnen gegenüber über schlechte Behandlung durch Loughnan beklagt, an der Aussage im Prozeß zu hindern.

Da somit die Zuwendungen auf dem planmäßigen Mißbrauch des persönlichen Einflusses des Beklagten beruhten, kam es nicht darauf an, ob das religiöse Vertrauensverhältnis zwischen Loughnan und Morley auch die Vermutung von undue influence begründete. Der Richter ließ jedoch durchblicken, daß er dazu neige, auch diese Frage zu bejahen.

In den Gründen der letzten beiden Entscheidungen wird eindeutig gesagt, daß im englischen Recht für die Religionsdiener die gleichen Regeln gelten wie für Anwälte und Ärzte. Trotzdem ist keine englische Entscheidung bekannt, in der ein Vertrag zugunsten eines Geistlichen allein aufgrund der Vermutung aufgehoben worden wäre. Nur zwei amerikanische Entscheidungen aus den neunziger Jahren des letzten Jahrhunderts[18] stützen sich lediglich auf die Vermutung.

Die englischen Gerichte hindern auch niemanden, eine Schenkung zu machen, die unter den Verdacht fällt, durch Ausübung geistlichen Einflusses zustande gekommen zu sein. *In Re Metcalfe's Trust*[19] klagte eine Nonne, der eine Erbschaft zugefallen war, gegen die Testamentsvollstrecker, die sich weigerten, ihren Anteil an der Erbschaft einem von ihr gegründeten trust zuzuführen, dessen Begünstigter ein Kloster in England war. Lordoberrichter Knight Bruce erklärte, der trust möge zwar auf eine Art entstanden sein, die die Gerichte nicht billigten, mit der Klage verlange die Klägerin jedoch nur ihr Vermögen heraus, und niemand habe die Macht, es ihr vorzuenthalten. Die einzige, die eine solche Transaktion später angreifen könne, sei die Klägerin selbst.

2. Spiritistische Medien

Von der gleichen Vermutung wie Schenkungen an Geistliche werden im anglo-amerikanischen Recht unentgeltliche Verträge zugunsten von spiritistischen Medien betroffen. In *Lyon v. Home*[20] adoptierte eine abergläubische alte Dame einen jungen Mann, der für sie mehrfach als

---

[18] Corrigan v. Pironi 23 A 355; Ross v. Convay 28 P 785 — beides Fälle von Schenkungen an katholische Priester.

[19] (1864) 2 De G.J. & S. 122.

[20] (1868) 6 E.C. 655.

Medium tätig geworden war, und schenkte ihm beträchtliche Beträge. Später focht sie die Schenkungen an, weil der Beklagte ihren Willen völlig beherrscht und sich dadurch die Vermögensvorteile verschafft habe. Sie behauptete, alle Verfügungen habe sie aufgrund vermeintlicher Befehle ihres verstorbenen Mannes, die ihr das Medium durch Tischrücken übermittelt habe, getroffen. Obwohl der Richter den Behauptungen der Klägerin nicht glaubte, hob er die Schenkungen auf, weil das Verhältnis zwischen einem Spiritisten und dem Medium die Ausübung von Herrschaft und Einfluß vermuten lasse und der Beklagte nicht den Beweis erbracht habe, daß die Rechtsgeschäfte fair und unbeeinflußt zustande gekommen seien.

Ein Fall, in dem nachgewiesen wurde, daß ein Medium dem Erblasser ein Testament zu seinen Gunsten diktiert hatte, ist *Thompson v. Hawks*[21]. Der Erblasser hatte vor seinem Tode mehreren Personen erzählt, er habe von den Geistern seiner verstorbenen Ehefrauen durch Mrs. Hawks wiederholt Warnungen vor seinem Sohn erhalten und sei darauf hingewiesen worden, daß es notwendig für seine „Entwicklung" sei, sein Vermögen nicht seinem Sohn, sondern Mrs. Hawks zu vermachen. Er war zu dieser Zeit 75 Jahre alt und tat nichts, was ihm nicht angeblich von den Geistern seiner Frauen geheißen worden war. Sein Glaube ging so weit, daß er Kaffee und Süßigkeiten zu seinen Besuchen bei Mrs. Hawks mitbrachte, in der Annahme, sie würde diese Dinge seinen verstorbenen Frauen senden. Das Gericht hielt das Testament für anfechtbar, da es nur durch die kunstvolle Ausnutzung des grenzenlosen Glaubens des Erblassers durch das Medium zustande gekommen sei.

Noch eine andere amerikanische Entscheidung hatte sich mit einer Schenkung an ein Medium zu befassen. In diesem Fall war der Vertrag jedoch schon deshalb aufzuheben, weil das Medium den Schenker so lange eingesperrt hatte, bis er zu einem Vertrag nach den Vorstellungen des Mediums bereit war[22].

IX. Domination — undue influence bei Testamenten

1. Domination

Es wurden bisher mehrere Entscheidungen angeführt, in denen Verträge nicht aufgrund der Vermutung von undue influence, sondern wegen der nachgewiesenen unlauteren Beeinflussung des Willens der

---

[21] 14 F 902 (Circuit Court, D. Indiana).
[22] Connor v. Stanley 14 P 306.

schwächeren Partei durch die stärkere aufgehoben wurden (domination)[1]. Hierbei handelte es sich um Fälle, in denen die Parteien zugleich in einem der bisher behandelten Vertrauensverhältnisse standen. Wenn einer Partei jedoch der Nachweis gelingt, daß die andere domination über sie ausgeübt hat, ist es nicht entscheidend, ob ein Vertrauensverhältnis zwischen ihnen bestand und welcher Art es war.

In *Osmond v. Fitzroy*[2] und in *Bridgeman v. Green*[3] wurden Schenkungen an Diener seitens ihrer Herren aufgehoben, in *Bennet v. Vade*[4] und *Purcell v. M'Namara*[5] Schenkungen bzw. übermäßige Sicherheiten zugunsten von Freunden. Allen Fällen ist gemeinsam, daß es den Begünstigten gelang, die Zuneigung der Verfügenden dadurch zu erlangen, daß die Verfügenden geistesschwach oder außerordentlich leicht zu beeinflussen waren und die Begünstigten diesen Umstand planmäßig ausnutzten. In Bridgeman v. Green beispielsweise ging die Beeinflußbarkeit des Klägers so weit, daß es dem Beklagten gelungen war, ihn dazu zu bringen, seine Frau, mit der er bislang in einer guten Ehe gelebt hatte, zu verlassen und nur noch mit ihm — dem Beklagten — zusammenzuleben[6].

Unter den Begriff der domination werden auch die Fälle gefaßt, in denen die Gerichte Rechtsgeschäfte, die durch Drohung zustande gekommen waren, wegen undue influence aufgehoben haben[7]. In diesen Entscheidungen geht es jedoch nicht um Ausübung von Autorität und Einfluß oder um das Verschweigen wichtiger Tatsachen, sondern um

---

[1] Zum Begriff: s. o. § 1 I; bisher behandelte Fälle: Morley v. Loughnan, s. o. § 2 VIII Fußnote 17; Bank of Montreal v. Stuart, s. o. § 2 II Fußnote 9; Nottidge v. Prince, s. o. § VIII Fußnote 6; In Re Craig, s. o. § 2 VI Fußnote 13; Smith v. Kay, s. o. § 2 I Fußnote 24.

[2] (1731) 3 P.Wms. 129.

[3] (1757) Wilm. 58.

[4] (1742) 2 Atk. 324.

[5] (1807) 14 Ves. 91; der Fall hätte auch nach der Regel von Huguenin v. Baseley entschieden werden können.

[6] Einige Autoren erwähnen in diesem Zusammenhang auch Lloyd v. Clark, (1843) 6 Beav. 309, einen Fall, in dem ein junger Fähnrich den Gläubigern seines vorgesetzten Hauptmanns zur Sicherung von dessen Schulden Wechsel ausstellte. Es handelte sich um ein summarisches Verfahren (common injunction), in dem kein Beweis erhoben wurde. Der Antragsteller hatte behauptet, der Gläubiger seines Vorgesetzten habe ihn bei Unterzeichnung des Wechsel getäuscht. Das Gericht erließ das vorläufige Verbot, gegen den Antragsteller aus dem Wechsel vorzugehen. Es war der Ansicht, die Tatsache, daß der Antragsteller den Wechsel unter dem Einfluß seines Vorgesetzten unterschrieben habe, mache das Geschäft so verdächtig, daß ihm Gelegenheit gegeben werden müsse, die behauptete arglistige Täuschung zu beweisen. — Aus diesem Fall läßt sich also kaum eine Regel über undue influence entnehmen.

[7] Kaufman v. Gerson (1904) 1 K.B. 591; Williams v. Bayley (1866) L.R. 1 H.L. 200; Mutual Finance Ltd. v. John Wetton & Sons Ltd. (1937) 2 K.B. 389.

die Frage, ob der Gläubiger rechtswidrig handelt, wenn er einem Angehörigen des Schuldners mit dessen strafrechtlicher Verfolgung droht, falls der Angehörige nicht die Schulden bezahlt[8].

2. Undue influence bei Testamenten

Auch wenn die Unwirksamkeit eines Testaments wegen undue influence geltend gemacht wird, muß der, der sich auf die Unwirksamkeit beruft, nachweisen, daß der Wille des Erblassers auf unzulässige Weise beeinflußt worden ist. Wenn allerdings dieser Beweis erbracht wird, wird das Testament nicht gerichtlich bestätigt.

Im Hinblick auf Testamente gibt es keine verdächtigen Vertrauensverhältnisse. Das wird damit begründet, daß die Geschäfte unter Lebenden unter anderen Voraussetzungen zustande kommen als Testamente. Bei einer Schenkung wirkt der Beschenkte immer mit. Es kann daher von ihm verlangt werden, zu erklären, wie das Rechtsgeschäft zustande gekommen ist. Bei Testamenten dagegen gibt es Fälle, in denen der Begünstigte nichts davon weiß, daß er bedacht wurde, und in denen es ihm daher unmöglich ist nachzuweisen, daß der Testator seinen letzten Willen frei von jedem Einfluß und nach Beratung durch einen unabhängigen Anwalt niedergelegt hat[9].

Ein weiterer Unterschied liegt darin, daß eine Schenkung, die unter Ausnutzung eines bestimmten Vertrauensverhältnisses gemacht wird, rechtswidrig ist, während es die englischen Gerichte durchaus für legal halten, daß jemand seinen Einfluß geltend macht, um von seinem Kind, Mündel, Klienten oder seiner Frau testamentarisch bedacht zu werden. Das gilt sogar dann, wenn die Art des Einflusses dem Gericht moralisch bedenklich erscheint. Sir James Hannen führt in *Wingrove v. Wingrove*[10] das Beispiel an, daß ein junger Mann unter den Einfluß einer Dirne gerät, und sie unter Ausschluß seiner Verwandten zur Erbin einsetzt. Auch dieses Testament hätte Anspruch auf gerichtliche Bestätigung.

Undue influence bei Testamenten bedeutet immer Anwendung von Zwang[11]. Mit anderen Worten: undue influence liegt dann vor, wenn jemand die Abfassung eines Schriftstücks erwirkt hat, von dem er zwar behauptet, daß es den letzten Willen des Erblassers darstellt, das aber

---

[8] Die Frage ist im deutschen Recht umstritten: Rechtswidrigkeit verneinen BGHZ 25 S. 217 und Flume, § 28₂, S. 537. Für Rechtswidrigkeit Zweigert, in JZ 1958 S. 570; Enneccerus/Nipperdey, § 173 Anm. 22. Vgl. ferner RG in WarnRspr. 1913 Nr. 186 und RG in HRR 1940 S. 140.

[9] Parfitt v. Lawless (1872) L.R. 2 P. & D. 462.

[10] (1885) 11 P.D. 81 (82).

[11] Baudain v. Richardson (1906) A.C. 169.

in Wirklichkeit Verfügungen beinhaltet, die nicht dem Willen des Erblassers entsprechen[12]. Allerdings muß der Zwang nicht in Nötigung bestehen. Es genügt Ausnutzung von Geistes- und Willensschwäche[13], von Zwangsvorstellungen des Erblassers[14] sowie ständige moralische Vorhaltungen, denen der Erblasser nachgibt, um in Frieden sterben zu können[15].

Auch Formen arglistiger Täuschung können ein Testament wegen undue influence anfechtbar machen. Das wäre beispielsweise dann der Fall, wenn eine Frau versucht, bei ihrem Mann Abneigung gegen seine Verwandten zu wecken, die er sonst in seinem Testament bedenken würde, und diese Verwandten von ihm fernhält, damit sie ihre Behauptungen nicht widerlegen oder sich mit dem Erblasser versöhnen und ihre Pläne auf diese Weise durchkreuzen können[16].

Die englischen Gerichte sind sehr zurückhaltend mit der Nichtbestätigung von Testamenten wegen undue influence. In den Entscheidungen, die gewöhnlich als Autorität zu diesem Thema zitiert werden, wurde der Beweis von undue influence nur viermal als erbracht angesehen, und zwar in *Hall v. Hall*[17], *Hampson v. Guy*[18], *In Re Barlow*[19] und *Radford v. Ridson*[20].

In Re Barlow wurde ein Testament aufgehoben, das eine Krankenschwester zusammen mit dem Hausarzt erschlichen hatte. Welchen Grad die Einflußnahme erreichen muß, zeigt der Fall *Radford v. Ridson*. Dort hatte der Begünstigte selbst gegenüber einem Zeugen geäußert: „Ich habe ein Testament zu meinen Gunsten erlangt von jemandem, der nichts von seinem Inhalt begriffen hat. Ich konnte alles von ihr bekommen."

Dagegen wurde in *Browning v. Budd*[21] ein Testament bestätigt, obwohl die Verwandten der Erblasserin ihr gegenüber Verfehlungen ihres Mannes übertrieben und ihn von ihr ferngehalten hatten. Es sprach in diesem Fall nämlich einiges dafür, daß die Erblasserin bereits aus eigener Entscheidung kein Wohlwollen mehr für ihren Mann empfunden und beschlossen hatte, das ihn begünstigende Testament zu widerrufen.

---

[12] Craig v. Lamoureux (1920) A.C. 349 (357).
[13] Hampson v. Guy (1891) 64 L.T. 778.
[14] Boyse v. Rosenborough (1856) 6 H.L.C. 2 (48).
[15] Hall v. Hall (1868) L.R. 1 P. & D. 481 (492).
[16] Beispiel des Lordkanzlers in Boyse v. Rosenborough (1856) 6 H.L.C. 2 (48).
[17] (1868) L.R. P. & D. 481.
[18] (1891) 64 L.T. 778.
[19] (1919 P. 14.
[20] (1912) 28 T.L.R. 342.
[21] (1848) 6 Moo. P.C. 430.

X. Die Lehre vom want of knowledge and approval

Spielt die Lehre von undue influence wegen des Fehlens der Vermutung in der Praxis des englischen Testamentsrechts keine große Rolle, so gibt es doch eine andere in der gerichtlichen Praxis sehr bedeutende Lehre, die eine Vermutung für die Unwirksamkeit von Testamenten beinhaltet.

Es handelt sich um die sog. Lehre vom want of knowledge and approval. Wenn die Umstände bei der Errichtung eines Testaments Zweifel an der Testierfähigkeit oder dem Testierwillen des Erblassers aufkommen lassen, so muß derjenige, der das Testament gerichtlich bestätigen lassen will, den Nachweis erbringen, daß der Erblasser den Inhalt des Testaments kannte und billigte.

Grundlegend ist die Entscheidung des Privy Council in *Barry v. Butlin*[1]. Dort formulierte Parke, B., das Prinzip: „... die Beweislast liegt in jedem Fall auf der Partei, die die Gültigkeit des Testaments geltend macht; diese Partei muß das Gewissen des Gerichts darüber beruhigen, daß die Urkunde, die sie vorgelegt hat, der letzte Wille eines freien und geschäftsfähigen Erblassers ist." Im allgemeinen kann sich der Bedachte entlasten, indem er nachweist, daß der Erblasser geistig gesund war und das Testament ordnungsgemäß errichtet wurde. Parke, B., fährt jedoch fort: „... wenn der Bedachte das Testament selbst geschrieben hat, ist das ein Umstand, der in der Regel den Verdacht des Gerichts hervorrufen und es zu Wachsamkeit und Argwohn bei der Würdigung der Beweise, die für die Echtheit der Urkunde angeführt werden, mahnen soll. Es sollte nicht zugunsten des Testaments entscheiden, solange der Verdacht nicht entkräftet ist und es die Überzeugung gewonnen hat, daß das vorgelegte Papier den wahren Willen des Erblassers darstellt."

Diese Regel ist deshalb von so großer Bedeutung, weil ein Testament im englischen Recht in seiner regelmäßigen Form vom Erblasser in Gegenwart von zwei Zeugen unterzeichnet werden muß (sec. 9 Wills Act 1837), jedoch nicht Handschriftlichkeit der ganzen Urkunde verlangt wird. Gewöhnlich setzt ein Dritter — meist ein Solicitor — das Testament auf.

Die Lehre von knowledge and approval hat in ihrem Ursprung nichts mit der equity-Regel von undue influence zu tun, sondern die kirchlichen Gerichte, die bis 1857 über die Bestätigung von Testamenten entschieden, entwickelten sie im Anschluß an die Regel des römischen

---

[1] (1838) 2 Moo. P.C.C. 480, 482 f.; bestätigt durch die Entscheidungen des House of Lords in Fulton v. Andrew (1875) L.R. 7 H.L. 448, 471 f.; Wintle v. Nye (1959) 1 All E.R. 552, 557.

Rechts, nach der ein Testament, das der Bedachte geschrieben hat, nichtig war[2].

Ein typischer Beispielfall ist *Mitchell v. Thomas*[3]. Der Erblasser hatte ein Testament zugunsten seiner Tochter und seines Schwiegersohnes gemacht, denen er große Zuneigung entgegenbrachte. Mit seinem Sohn dagegen stand er sich nicht gut und hatte ihn deshalb in seinem Testament übergangen. Dieser Sohn — ein Jurist — bereitete einen Nachtrag zu dem Testament vor, der dessen Inhalt zu seinen Gunsten änderte. Diese Urkunde brachte er wenige Tage vor dem Tod seines Vaters morgens um fünf Uhr an dessen Bett. Der Vater war zu dieser Zeit schwer krank. Zeugen waren zwei Hausangestellte, die der Sohn unmittelbar vorher geweckt hatte. Beide bestätigten vor Gericht, daß der Erblasser das Papier bei trübem Licht und ohne seine gewohnte Brille nicht einmal eine Minute lang in der Hand gehalten hatte, bevor er es unterzeichnete.

Zu der Tatsache, daß der Bedachte die Urkunde selbst aufgesetzt hatte, kamen in diesem Fall noch mehrere andere verdächtige Umstände hinzu. Der Erblasser konnte das Testament — jedenfalls unmittelbar vor der Unterzeichnung — nicht gelesen haben. Nach allem, was bekannt war, wollte der Erblasser nur seine Tochter und ihren Mann bedenken. Zur Zeit der Unterzeichnung war seine Verfassung sehr schlecht, die Stunde war für ein solches Geschäft sehr ungewöhnlich und ließ darauf schließen, daß der Erblasser überrumpelt werden sollte. Alle diese Verdachtsmomente hätten entkräftet werden müssen. So hätte der Sohn Äußerungen des Vaters anführen können, aus denen sich entnehmen ließ, daß der Vater seinen letzten Willen zu seinen Gunsten ändern wollte oder er hätte beweisen können, daß das Testament dem Vater vorgelesen worden sei. Da der Sohn keinen dieser Beweise erbringen konnte, wurde der Nachtrag nicht bestätigt.

Schon Parke, B., in *Barry v. Butlin*[4] sah sich zu einer Klarstellung über die Tragweite der Vermutung veranlaßt. Die bloße Tatsache, daß derjenige, der das Testament vorbereitet hat, zu den darin Bedachten gehört, schafft nicht immer und unter allen Umständen eine Vermutung, daß der Erblasser den Inhalt des Testaments nicht kannte und billigte. Es handelt sich vielmehr um einen verdächtigen Umstand, dem je nach den anderen Umständen des Falles mehr oder weniger Gewicht zukommt[5]. Der Verdacht kann in einem Fall gering und leicht zu zer-

---

[2] Sir John Nicholl in Paske v. Ollat (1815) 2 Phill.Ecc. 323, 324; ders. in Ingram v. Wyatt (1828) 1 Hag.Ecc. 384, 391.

[3] (1847) 6 Moo. P.C.C. 137.

[4] (1838) 2 Moo. P.C.C. 480, 484 f.

[5] Parke, B. a.a.O., S. 485.

streuen, ein andermal kann er so schwer sein, daß er kaum zu beseitigen ist[6].

Ein Beispiel dafür, daß die bloße Tatsache der Vorbereitung eines Testaments durch den Bedachten nicht schwer wiegt, findet sich *in der Sache Fuld*[7]. In diesem Fall wurde das Testament gerichtlich bestätigt, obwohl der Anwalt und Freund des Erblassers, der das Testament aufgesetzt hatte, ein Dreißigstel der Einnahmen des Restnachlasses erhalten sollte. Allerdings hatte der Erblasser weder Frau noch Kinder, seine einzige Verwandte war seine hochbetagte Mutter, die mit hohen Zuwendungen bedacht wurde. Des weiteren sah das Testament im wesentlichen Zuwendungen an Freunde und wohltätige Einrichtungen vor. Der Erblasser, ein sehr reicher und in Geschäftsdingen bewanderter Mann, besaß zur Zeit der Errichtung des Testaments seine volle Einsichtsfähigkeit. Unter diesen Umständen wäre es unsinnig gewesen, den befreundeten Anwalt auszuschließen.

In *Wintle v. Nye*[8] dagegen erschienen dem House of Lords die Umstände in einem Maße verdächtig, wie es schwerer kaum vorstellbar sei.

Die Erblasserin war eine ältere Dame, die in Geschäftsdingen völlig unerfahren war. Ihr Vermögen verwaltete seit vielen Jahren ihr Familienanwalt, mit dem sie auch die Errichtung ihres Testaments besprach. Der erste Entwurf, den der Anwalt im Januar 1937 aufgesetzt hatte, sah im wesentlichen eine Jahresrente von £ 650 für ihre Schwester, Jahresrenten für zwei Cousinen sowie verschiedene Vermächtnisse zugunsten caritativer Einrichtungen vor. Den Rest ihres Nachlasses sollten acht Krankenhäuser erhalten. Testamentsvollstrecker waren der Anwalt und eine Bank. Nach zahlreichen Unterredungen zwischen dem Anwalt und der Erblasserin wurde der Entwurf vor der Unterzeichnung noch einmal abgeändert. Der Anwalt wurde zum alleinigen Testamentsvollstrecker ernannt. Die Renten zugunsten der Cousinen wurden auf £ 40 gekürzt, nur wenn genügend Geld vorhanden sei, sollte der Testamentsvollstrecker ermächtigt sein, £ 120 jährlich auszuzahlen. Der Anwalt sollte an Stelle der Krankenhäuser den Restnachlaß erhalten. Nach seinen Angaben war der Sinn der Änderung, daß die Erblasserin ihrer Schwester nur einen begrenzten Betrag zukommen lassen wollte, weil sie fürchtete, die Schwester werde alles der Kirche schenken. Andererseits wollte sie dem Anwalt als ihrem Testamentsvollstrecker die Möglichkeit geben, gegebenenfalls in weiterem Umfang

---

[6] Viscount Simonds in Wintle v. Nye (1959) 1 All E.R. 552, 557.

[7] (1966) 2 W.L.R. 717, 741 f. Teile der Entscheidung sind ebenfalls abgedruckt in (1965) All E.R. 776 und in DRiZ 1968 S. 99.

[8] (1959) 1 All E.R. 552.

6*

für die Schwester aufzukommen. Im August 1937 wurde das Testament
unterzeichnet.

Im Jahre 1939 unterzeichnete die Erblasserin auf Rat des Anwalts
einen Nachtrag, durch den einige der Zuwendungen an caritative Einrichtungen rückgängig gemacht wurden. Der freigewordene Betrag fiel
in den Anteil des Anwalts. Diesen Rat hatte der Anwalt gegeben, weil
er gelesen hatte, Grundbesitz wie der der Erblasserin werde im Wert
fallen, und er deshalb befürchtete, die Vermächtnisse könnten nicht in
vollem Umfang erfüllt werden. Nach alledem stellte der Rest, der dem
Anwalt zufallen sollte, den weitaus größten Teil des Vermögens dar.
Die Erblasserin starb 1947. Ihr Nachlaß wurde auf £ 115.000 geschätzt.

In der ersten und zweiten Instanz wurde das Testament bestätigt. Der
erstinstanzliche Richter (Barnard, J.) wies die Jury zwar auf die Regeln
der Lehre von knowledge and approval hin, sagte den Geschworenen
aber gleichzeitig, sie könnten die Frage, ob das Testament und der
Nachtrag dem Willen der Erblasserin entsprächen, bejahen, wenn sie
die Erklärungen des Anwalts für glaubhaft hielten. Das Berufungsgericht bestätigte die Entscheidung mit einer Gegenstimme, weil der
Richter das anwendbare Recht zutreffend dargestellt habe. Das House
of Lords hob das Urteil auf und verwies die Sache an die erste Instanz
zurück. Viscount Simonds, dessen Votum sich die anderen Lords an-
schlossen, hob hervor, daß in diesem Fall zwar das Testament des öfteren
mit der Erblasserin durchgesprochen worden sei, die Größe der Zuwendung an den Anwalt jedoch verdächtig bliebe. Die Erklärungen,
die er dazu gegeben hätte, seien eher geeignet, diesen Verdacht noch zu
verstärken. Auch nach seinen Angaben hatte eine wenig intelligente
Frau durch ein sehr kompliziertes Testament ihm persönlich — nicht
nur treuhänderisch — fast ihr ganzes Vermögen vermacht. Sie hatte
nicht den Rat eines unabhängigen Anwalts erhalten. Zwar war sie
testierfähig und kannte möglicherweise den Text der beiden Urkunden.
Es scheint aber fast unmöglich, daß sie wußte, wie viel sie besaß und
somit auch nur annähernd erfaßte, wie groß das Vermögen war, das sie
ihm hinterließ. Nach dem Vortrag des Anwalts hatte sie vor der endgültigen Unterzeichnung einige Berechnungen gesehen, die etwas über
die Größe ihres Vermögens aussagten. Wenn sie jedoch eine Ahnung von
der Größe ihres Vermögens gehabt hätte, hätte sie nicht die Renten,
die sie ihren Cousinen ausgesetzt hatte, auf £ 40 gekürzt und dem
Anwalt gesagt, er könne sie auf £ 120 erhöhen, wenn genügend Geld
vorhanden sei. Denn dann hätte ihr klar sein müssen, daß das Geld
ausreichte, um auch die höhere Rente zu bezahlen. Der Richter der
ersten Instanz hatte die Jury also nicht genügend darauf hingewiesen,
daß, auch wenn sie dem Anwalt glaubte, noch große Zweifel an dem

Testierwillen der Erblasserin blieben, die der Anwalt hätte ausräumen müssen.

Sogar wenn der Begünstigte das Testament nicht selbst vorbereitet
hat, kann der Verdacht des fehlenden Testierwillens oder der fehlenden
Testierfähigkeit aufkommen und muß dann von dem, der die gerichtliche Bestätigung des Testaments begehrt, entkräftet werden.

In der bereits erwähnten *Sache Fuld*[9] hatte der Erblasser, ein Deutscher mit kanadischer Staatsangehörigkeit, außer dem Testament und
dem — ebenfalls unverdächtigen — ersten Nachtrag noch drei weitere
Nachträge unterzeichnet. Scarman, J., hielt alle drei Nachträge für form-
nichtig, betonte jedoch, auch wenn er sich insoweit irre, könnten die
Nachträge auf keinen Fall gerichtlich bestätigt werden. Es habe nämlich Dr. T., dem Arzt des Erblassers und einzigen der zahlreichen Ver-
fahrensbeteiligten, der die Gültigkeit der drei Nachträge geltend
machte, oblegen zu beweisen, daß der Erblasser bei der Unterzeichnung
der drei letzten Nachträge im Vollbesitz seiner geistigen Kräfte gewesen sei. Der Beweis sei jedoch nicht gelungen.

Zu diesem Ergebnis kam Scarman, J., weil er die Lehre von knowledge and approval für anwendbar erklärte, obwohl das Testament
materiellrechtlich nach deutschem Recht zu beurteilen war. Die Lehre
von knowledge and approval setze zwar die materiellrechtliche Regel
voraus, daß das Testament dem Willen eines geschäftsfähigen Testators
entspreche, das verlange aber auch das deutsche Recht. Die Lehre selbst,
so wie sie in *Barry v. Butlin*[10] und *Wintle v. Nye*[11] niedergelegt sei, sei
dagegen rein verfahrensrechtlicher Natur, weil sie sich mit der Frage
befasse, wie das Gericht die ihm vorgelegten Beweise zu bewerten
habe. Das Verfahrensrecht unterliege jedoch der lex fori[12].

Ferner stellte der Richter fest, daß nach der Lehre von knowledge and
approval die Beweislast immer dem zufalle, der die Bestätigung des
Testamentes verlange, solange die Begleitumstände der Errichtung des
Testaments verdächtig seien, auch wenn er nicht selbst bei der Ab-
fassung der Urkunde mitgewirkt habe. Diese Regel hatte bereits der
Court of Appeal in *Tyrell v. Painton* aufgestellt[13].

Die verdächtigen Umstände waren im vorliegenden Fall folgende: Der
Erblasser litt während der vier Monate, in denen die drei letzten Nach-

---

[9] (1966) 2 W.L.R. 717, 743 ff.
[10] (1838) 2 Moo. P.C.C. 480, 482.
[11] (1959) 1 All E.R. 552, 557.
[12] Scarman, J. a.a.O., (1965) 3 All E.R. 780 f.; vgl. zu dieser Frage auch
Kegel S. 423.
[13] Lindley, L.J. (1894) P. 151, 157 f.

träge unterzeichnet wurden, wegen eines Gehirntumors häufig unter
Bewußtseinstrübungen. Hinsichtlich des dritten Nachtrags bestanden
aufgrund von Zeugenaussagen erhebliche Zweifel an seiner Testierfähigkeit. Im zweiten Nachtrag wurde das Testament zugunsten von
Dr. T sowie des Sekretärs der Mutter des Erblassers und zum Nachteil
einer Freundin des Erblassers abgeändert. Die Urkunde war in der
Handschrift der Mutter geschrieben worden. Die Zeugen waren Unter-
gebene von Dr. T. Er, die Mutter und in ihrem Gefolge ihr Sekretär
bildeten damals eine Partei gegen die Freundin, da die Mutter befürchtete, sie würde ihr den Sohn entfremden.

Der vierte Nachtrag begünstigte Dr. T. und war auch von ihm vorbereitet worden. Der Anwalt, der den Erblasser in dieser Sache beraten
sollte, hatte ihn nie gesehen. Während des ganzen Prozesses weigerten
sich die Mutter und ihr Sekretär, in den Zeugenstand zu treten. Die
Aussagen von Dr. T. hielt das Gericht nicht für glaubhaft.

Die Lehre von knowledge and approval dient zwar auch dem Schutz
vor arglistiger Täuschung und unlauterer Beeinflussung[14], sie greift
jedoch nur dann ein, wenn die Umstände der Errichtung des Testaments
verdächtig waren. Allerdings sah die Mehrzahl der Testamente, denen
aufgrund des fehlenden Nachweises der Kenntnis und Billigung durch
den Erblasser die **gerichtliche Bestätigung** versagt wurde, Zuwendungen an einen Anwalt vor[15]. Es sind auch zwei Fälle bekannt, in denen
ein Arzt bedacht wurde[16]. Geben aber die Umstände der Errichtung der
Urkunde keinen Anlaß zu Zweifeln an dem Testierwillen des Erblassers, so kehrt sich die Beweislast nicht um, auch wenn der Erblasser
zum Bedachten in einem verdächtigen Vertrauensverhältnis stand, oder
ihre Beziehungen zueinander moralisch bedenklich waren. So scheiterte
in der Sache R.[17] der Versuch, ein Testament anzugreifen, in dem ein
junger Mann begünstigt war, zu dem der Erblasser angeblich homo-
sexuelle Beziehungen unterhalten hatte. Das Testament war von einem
unabhängigen Anwalt aufgesetzt worden, und es fehlte jeder Anhaltspunkt dafür, daß der Bedachte oder seine Eltern irgendwie an der
Vorbereitung oder der Errichtung des Testaments beteiligt waren.

Möglicherweise birgt die englische Zwei-Zeugen-Form für Testamente
eher als die kontinentale, holographische Testamentsform die Gefahr

---

14 Dr. Lushington in Greville v. **Tylee** (1851) 7 Moo. P.C.C. 320, 329 f.

15 Barton v. Robins (1769) 3 Phill.Ecc. 455; Paine v. Hall (1812) 18 Ves. 475;
Wheeler and Batsford v. Alderson (1831) 3 Hag.Ecc. 574; **Croft** v. Day (1838)
1 Curt. 782; Durling v. Loveland (1839) 2 Curt. 225; Wintle v. Nye (1959)
1 All E.R. 552.

16 Greville v. Tylee (1851) 7 Moo. P.C.C. 320; In the Estate of Fuld (1966)
2 W.L.R. 717.

17 (1950) 2 All E.R. 117.

in sich, daß der Erblasser den Inhalt seines Testamentes nicht versteht. Betrachtet man jedoch die zahlreichen Fälle[18], in denen englische Testamente nicht bestätigt wurden, so scheint die Lehre von knowledge and approval einen weitgehenden Schutz gegen die Folgen unlauterer Beeinflussung des Testators zu gewährleisten. Durch das Erfordernis der Anwesenheit von Zeugen bleiben verdächtige Umstände der Testamentserrichtung weniger leicht verborgen. Die Bedachten selbst können nicht Zeugen sein, weil testamentarische Zuwendungen an Zeugen nichtig sind (sec. 15 Wills Act, 1837).

Wenn die Zeugen verdächtig sind, etwa weil sie nur mit dem Bedachten, nicht aber mit dem Erblasser bekannt waren und eigens zu der Unterzeichnung des Testaments aus einer anderen Stadt angereist kamen, so erschwert auch dieser Umstand die Beweislast dessen, der die Bestätigung des Testaments erstrebt[19].

Nach alledem kann man sagen, daß die Lehre von knowledge and approval im englischen Testamentsrecht die gleiche Stellung einnimmt, wie die Lehre von undue influence im Vertragsrecht.

---

[18] Vgl. etwa English Digest, Bd. 23 Nr. 1354 bis 1389; Halsbury, Bd. 39 S. 858 Nr. 1301.

[19] Vgl. Mackenzie v. Handasyde (1829) 2 Hag.Ecc. 211.

§ 3 Das französische Recht

I. Das Verhältnis von Eltern und Kind

Art. 1114 C.c. bestimmt, daß die bloße Ausnutzung der „creinte réverentielle" (also der natürlichen Autorität und Zuneigung) durch die Eltern nicht ausreicht, um die Nichtigkeit eines Rechtsgeschäfts herbeizuführen. Der Gesetzgeber geht davon aus, daß in einem solchen Fall eine Willensbeeinflussung zwar denkbar, daß sie aber nicht rechtswidrig ist. Daher gibt es nur einen Fall, in dem ein französisches Gericht eine unentgeltliche Verfügung des Sohnes zugunsten seines Vaters aufgehoben hat[1].

Der Vater erwirkte von seinem Sohn H. die Unterzeichnung einer Schuldverschreibung von F 650 zur Sicherung einer Schuld gegenüber seiner Hausangestellten G. Diese beherrschte den Vater, der sehr krank war, vollkommen. Er hatte sie bereits unter Enterbung seines Sohnes zur Alleinerbin eingesetzt, zwar mit der Auflage, für den Sohn zu sorgen, allerdings nur wenn dieser seine Frau verstoße. Bei der Unterzeichnung der Schuldverschreibung war der Vater nicht anwesend, wohl aber Frau G., die der Sohn genauso fürchtete wie seinen Vater. Der Sohn war zur Zeit der Unterzeichnung volljährig, hatte aber nicht die Einsichtsfähigkeit seines Alters. Er war nicht völlig schwachsinnig, jedoch sehr leicht zu beeinflussen, da ihm der eigene Wille fehlte. Er und seine Frau hatten keinerlei eigenes Vermögen, sie hatten keine Mitgift erhalten, und der Sohn war in jeder Beziehung von seinem Vater abhängig.

Das Gericht räumte ein, daß die sogenannte creinte réverentielle nicht ausreiche, um eine Willenserklärung zu vernichten, wenn sie nicht von physischem oder psychischem Zwang begleitet werde. Im vorliegenden Fall habe der Vater den Sohn jedoch in ständiger Furcht gehalten. Er hatte ihm in der vorangegangenen Zeit mehrfach gedroht, „ihn verhungern und auf dem Misthaufen krepieren zu lassen", und auch gezeigt, daß er seine Drohung ernst nahm, indem er ihn und seine Frau in einer Winternacht mit durchlöcherten Schuhen vor die Tür setzte. Dazu kam, daß der Sohn die übernommene Schuld nie hätte bezahlen können. Die Schuldverschreibung diente nur dazu, seine

---

[1] Trib.civ. Albi 18 juill. 1895, Gaz.Pal. 1895, 2, 356.

Abhängigkeit noch zu vergrößern. Aus diesen Gründen erklärte das Gericht die Schuldverschreibung für nichtig.

II. Vormund und Mündel

Im französischen Recht kann weder das minderjährige noch das volljährige oder emanzipierte Mündel seinem Vormund etwas schenken oder testamentarisch zuwenden, bevor der Vormund Rechnung gelegt hat und die Rechnung beglichen ist (Art. 907 C.c.). Die Vorschrift ist heute ohne große praktische Bedeutung. Nach Ansicht von Dutheillet/ Lamonthezie[1] ist sie mehr oder minder theoretisch geworden, nachdem die Vorschriften über die Vormundschaft durch das Gesetz vom 14. 12. 1964 geändert worden sind und die Institution des Vormundschaftsrichters (juge des tutelles) eingeführt wurde. Wenn dem juge des tutelles auch nicht die Bedeutung des Vormundschaftsgerichts im deutschen Sinne zukommt, weil ein großer Teil der Entscheidungen weiterhin beim Familienrat (Art. 407 C.c.) liegt, wurde durch die Reform von 1964 doch erstmalig eine staatliche Kontrolle des Vormunds geschaffen. Dem Vormundschaftsrichter obliegt die generelle Überwachung der Vormundschaft (Art. 395 al. 1 C.c.); insbesondere kann er jederzeit Erklärungen und Rechenschaft vom Vormund verlangen (Art. 395 al. 2 C.c.).

Der Art. 907 C.c. begründet eine unwiderlegliche Vermutung unlauterer Beeinflussung, ein Gegenbeweis ist nicht möglich. Andererseits ist eine Schenkung, die nach Rechnungslegung erfolgt, unverdächtig. Keine Rolle spielt es, ob die Schenkung groß oder klein ist, oder ob sie remuneratorischen Charakter hat. Insofern besteht ein Unterschied zu den Schenkungen an Priester und Ärzte (Art. 909 C.c.)[2]. Der Grund liegt darin, daß das Mündel solche Schenkungen nach der Rechnungslegung vornehmen kann.

III. Keine Empfangsbeschränkung für Anwälte und Notare

Der Code civil kennt im Gegensatz zum ancien droit keine Vorschrift, die es dem Rechtsberater verbietet, unentgeltliche Zuwendungen zu empfangen.

Es sind zwei Entscheidungen bekannt, in denen die Kläger versucht hatten, Testamente, durch die Rechtsberater begünstigt wurden, für nichtig erklären zu lassen. 1872 stellte die Cour d'appel von Paris[1] fest, daß, wenn keine unlauteren Machenschaften nachgewiesen würden,

---

[1] In Juris-Classeur Art. 907 Nr. 4.
[2] Juris-Classeur Art. 907 Nr. 7.
[1] 3 mai 1872 D. 72, 2, 199.

die Tatsache, daß der Beklagte Notar sei, nicht ausreiche, um das Testament zu Fall zu bringen. Notare seien in Art. 909 C.c. nicht erwähnt, und eine analoge Anwendung der Vorschrift sei nicht möglich, da sie wegen ihrer außergewöhnlichen Strenge eng auszulegen sei[2]. Im gleichen Sinne entschied der Kassationshof[3], als er es ablehnte, einen Rechtsanwalt (avocat), der alle Geschäfte des Verstorbenen während seiner letzten Krankheit geführt hatte, den geistlichen Beratern (Art. 909 C.c.) gleichzustellen.

Selbstverständlich kann der bedachte Notar nicht bei der Errichtung des Testaments mitwirken oder eine ihn begünstigende Schenkung beurkunden (Art. 8 des Gesetzes vom 25 ventôse des Jahres XI).

IV. Arzt und Patient

Art. 909 C.c. bestimmt: „Les docteurs en médecine ou en chirurgie, les officiers de santé et les pharmaciens qui auront traité une personne pendant la maladie dont elle meurt, ne pourront profiter des dispositions entre vifs ou testamentaires qu'elle aurait faites en leur faveur pendant le cours de cette maladie[1]."

Wie das ancien droit geht der Code civil davon aus, daß der Arzt einen außergewöhnlich großen Einfluß auf einen Kranken ausüben kann. Der Kranke erwartet von ihm seine Heilung und ist oft bereit, dafür ungeheure Opfer zu bringen. Art. 909 C.c. soll daher Zuwendungen verhindern, die nur auf den übermächtigen Einfluß des Arztes zurückzuführen sind. Wie beim Vormund[2] bedient sich das französische Recht dazu der incapacité de recevoir — die Ausübung ärztlichen Einflusses wird unwiderleglich vermutet.

Rechtsfolge des Art. 909 C.c. ist wie bei Art. 907 die relative Nichtigkeit, das heißt, nur die Erben des Verstorbenen können die Nichtigkeit geltend machen[3].

Der Gegenbeweis, etwa, daß der Verstorbene die Zuwendung aus Freundschaft gemacht hat, ist nicht möglich[4].

---

[2] Möglicherweise denkt Gay an diese Entscheidung, wenn er bei seinem Vergleich der Lehre von undue influence mit der Regelung des Code civil ausführt, die französische Rechtsprechung billige Geschäfte zwischen Rechtsberater und Klient (S. 190).

[3] Cass.Req. 12 mai 1931 S. 31, 1, 400.

[1] „Die Ärzte, Chirurgen, Gesundheitsbeamte und Apotheker, die einen Patienten während der Krankheit, an der er stirbt, behandelt haben, können nicht Nutznießer von Schenkungen oder testamentarischen Zuwendungen werden, mit denen sie der Verstorbene im Verlauf dieser Krankheit bedacht hat."

[2] s. o. § 3 II.

[3] s. o. § 1 II.

[4] Cass.Req. 7 avril 1863, D. 63, 1, 231.

Planiol und Ripert vertreten die Auffassung, daß mit dieser Regelung nicht zuletzt den Medizinern selbst gedient ist, weil sie auf diese Weise über jeden Verdacht erhaben seien und ihr Beruf dadurch an Ansehen gewänne[5]. Allerdings scheinen die Mediziner zum Teil anderer Ansicht zu sein, zumindest was die Strenge der Vermutung und die Unzulässigkeit eines Gegenbeweises betrifft[6].

1. Betroffene Personen

Die betroffenen Personen sind zunächst nach dem Wortlaut der Vorschrift die "docteurs en médecine", worunter die approbierten Ärzte (docteurs d'état en médecine) zu verstehen sind. Die Titel „docteur en chirurgie" und „offizier de santé" sind inzwischen aufgehoben. Ferner erwähnt der Wortlaut die Apotheker. Allerdings sind diese nur von der incapacité betroffen, wenn sie den Patienten selbst „behandeln". Das ist naturgemäß fast nie der Fall. Der Apotheker kann also Zuwendungen empfangen, wenn er sich darauf beschränkt, dem Patienten Arzneimittel zu verkaufen, ja sogar wenn er sie ihm selbst verabfolgt, solange ein Arzt sie im Rahmen der allgemeinen Behandlung verordnet hat[7]. In dem einzigen Fall, in dem ein Testament zugunsten eines Apothekers für nichtig erklärt wurde, hatte der Apotheker seinem kranken Freund den Puls gefühlt, die Zunge betrachtet, gesagt, daß seine Medikamente ihn heilen würden, selbst Arzneien, Tränke und Bäder verordnet und dem Patienten Pillen gegeben, die der Arzt ihm verboten hatte. Die Cour d'appel von Caen nahm an, wenn auch keine der Einzelhandlungen über freundliche Fürsorge hinausgegangen sei, stellten sie doch zusammen eine regelrechte medizinische Behandlung dar. Der Kassationshof sah in dieser Auffassung keinen Rechtsfehler und verwarf die Revision[8].

Die einzige Auslegung über den Wortlaut des Art. 909 C.c. hinaus, die die Rechtsprechung zugelassen hat, ist die Ausdehnung auf Personen, die den Heilberuf ohne das erforderliche staatliche Diplom ausüben: Kurpfuscher, Magnetiseure[9] und — vor allem im letzten Jahrhundert — die alte Frau, die im Dorf als Heilkundige gilt[10]. Die

---

[5] Bd. V, Nr. 237.

[6] Vgl. Anm. zu Bordeaux, 7 déc. 1857, D. 58, 2, 197.

[7] Montpellier, 31 août 1852, D.P. 54, 2, 91; h. M., z. B. Colin et Capitant, Bd. III, Nr. 1455.

[8] Cass.Req. 7 avril 1868, D. 68, 1, 378.

[9] h. M. z. B. Baudry, Lacantinerie et Colin, Bd. IX, Nr. 480; Lyon, 17 juin 1896, D. 97, 2, 419.

[10] Grenoble, 6. fév. 1850. D.jur.gén., Dispositions entre vifs et testamentaires, n. 363, 2[0]; Paris, 8 mai 1820, D.jur.gén. a.a.O., 1[0]: für einen Heilkundigen, in dessen Heim der Erblasser gelegen hatte.

Ausdehnung ist berechtigt, weil diese Personen im ganzen gesehen weniger Garantie für ihre Integrität bieten als die Ärzte, und weil ihre Patienten meist weniger weltgewandt, leichtgläubiger und damit leichter zu beeinflussen sind[11].

Auch von einem Medizinstudenten, der ein junges Mädchen pflegte, das er liebte, wurde angenommen, er könne von der Vermutung betroffen werden[12]. Schließlich wurde in jüngerer Zeit die Vermutung bei einem jungen Mann angewandt, der lediglich docteur d'université de Paris war, aber nicht das doctorat d'état und damit das Recht zur Ausübung einer ärztlichen Praxis besaß und der gegenüber der Erblasserin trotzdem als Arzt aufgetreten war[13].

Krankenwärter, Krankenschwestern und Hebammen besitzen nicht die gleiche Autorität und den gleichen Einfluß wie die Ärzte und können Zuwendungen seitens der von ihnen gepflegten Personen erhalten, wenn sie ihre Befugnisse nicht überschreiten. Andernfalls fallen sie unter die Kategorie der illegalen Heilkundigen[14].

Die Cour d'appel von Bordeaux ist von dieser Rechtsprechung in einem Fall abgewichen[15]. Eine alte Dame hatte F 60.000 der Leiterin des Pflegeheims, in dem sie die letzten Monate ihres Lebens verbracht hatte, vermacht. Das Gericht war der Ansicht, daß die Erblasserin, deren Becken und Beine gelähmt waren, nicht so sehr des Arztes als vielmehr ständiger Pflege und Betreuung bedurfte. Als Heimleiterin hatte die Beklagte völlig freie Hand und konnte durch ihre Pflege einen bedeutenden Einfluß über die Erblasserin gewinnen. Daraus folgerte die Cour d'appel von Bordeaux, daß in diesem Fall die Pflege der Heilkunst gleichzusetzen und das Testament gem. Art. 909 C.c. nichtig sei. Diese Auslegung des Art. 909 C.c. wäre allerdings nicht notwendig gewesen, weil die Beklagte das Testament durch betrügerische Machenschaften (manoeuvres dolosives) und somit durch „captation"[16] erlangt hatte. Das Gedächtnis und die Geisteskraft der Erblasserin hatten kurz vor ihrem Eintritt in das Pflegeheim erheblich abgenommen. Sie war von Wahnvorstellungen geplagt. Auf der anderen Seite brauchten die Beklagte und ihr Mann dringend F 60.000.

---

[11] Baudry, Lacantinerie et Colin, Bd. IX, Nr. 480.

[12] Caen, 10 août 1841, D.jur.gén. a.a.O., 3[0].

[13] Trib.civ.Seine, 5 déc. 1963, Gaz.Pal. 1964, 1, 164.

[14] Pau, 28 fév. 1968, J.C.P. 68, II, 15538; Bordeaux, 2 mars 1892, Rec. Bordeaux 1892, 2, 58; Lyon, 20 juin 1895, D. 96, 2, 346; Lyon, 22 déc. 1909, D. 1912, 2, 358; Trib.civ.Seine, 13 jan. 1944, Gaz.Pal. 1944, 1, 229; a. A.: für die Hebamme, Beudant, Lerebours-Pigeonnière et Voirin, Bd. VI, Nr. 80; für die Krankenschwester, Mazaud/Juglart, Bd. IV, 2. Halbband, Lectures, S. 548.

[15] 5 mai 1931, Gaz.Pal. 1931, 2, 252.

[16] s. o. § 1 II.

Sie hatten von Anfang an vor, sich die beklagenswerte geistige Verfassung der Erblasserin zunutze zu machen, und versuchten zuerst, diesen Betrag als Pauschalvergütung für fünfjährige Pflege von ihr zu erlangen. Der Notar lehnte es jedoch ab, einen solchen Vertrag zu beurkunden. Daher verfielen sie schließlich darauf, die Erblasserin am Morgen vor ihrem Tod zu einem Vermächtnis in Höhe von F 60.000 zu bewegen. Das Testament wurde vor dem Notar der Beklagten und mit Angestellten des Heimes als Zeugen aufgenommen und nicht von der Erblasserin unterschrieben, obwohl ihre Hände und Arme die einzigen Glieder waren, die sie noch gebrauchen konnte. Die Cour d'appel von Bordeaux wollte ihre Entscheidung in dieser Sache jedoch nicht als generelle Ausdehnung der Vermutung verstanden wissen. Sechs Jahre später betonte das Gericht anläßlich einer Zuwendung an eine Haushälterin und Pflegerin, daß die incapacité des Art. 909 C.c. eng auszulegen und nicht auf Krankenpflegerinnen auszudehnen sei, und wies die Klage ab[17].

2. Begriff der „Behandlung"

Ob die Tätigkeit des Arztes als „traitement" anzusehen ist, entscheiden die Gerichte der Tatsacheninstanzen[18]. Der Kassationshof hat keine eigenen Regeln zu diesem Problem aufgestellt, sondern sich darauf beschränkt, zu prüfen, ob die Subsumtion der ersten Richter im konkreten Fall zu beanstanden war. Auf diese Weise ist entschieden worden, daß nicht von der Vermutung betroffen werden: der Schwager und Arzt, der nur Anweisungen des behandelnden Arztes ausführt[19], ein Arzt, der mit dem Erblasser im gleichen Hause wohnte und nur in Einzelfällen Soforthilfe leistete[20], überhaupt jeder Arzt, der nur gelegentlich Ratschläge erteilt hat oder nur einmal konsultiert wurde[21]. Vor allem soll ein mit dem Erblasser befreundeter Arzt nicht nur deshalb, weil er dem Freund gelegentlich geholfen hat, durch Anwendung des Art. 909 C.c. bestraft werden[22].

Andererseits hielt es der Kassationshof für vereinbar mit Art. 909 C.c., daß die incapacité auf einen Assistenzarzt ausgedehnt wurde[23].

Zusammenfassend läßt sich sagen, daß ein Arzt „traitant" ist, wenn er praktisch alle Medikamente verschreibt und die notwendigen Maß-

---

[17] 6 janv. 1937, Gaz.Pal. 1937, 1, 531.
[18] Cass.Req. 7 avril 1868, D. 68, 1, 378; Cass.Req. 7 janv. 1876, D. 76, 1, 181.
[19] Nancy, 17 mai 1935, Rev.trim.dr.civ. 1935, 871.
[20] Cass.Req. 8 août 1900, D. 1900, 1, 559.
[21] Cass.Civ. I, 5 juin 1956, Bull.civ. I, n. 223, p. 180; Cass.Req. 17 janv. 1876, D. 76, 1, 182.
[22] Angers 18 mai 1875, D. 1875, 2, 79.
[23] Cass.Civ. 22 oct. 1940, Gaz.Pal. 1940, 2, 192.

nahmen anordnet, auch wenn einmal ein anderer Arzt hinzugezogen wird[24].

3. Die „letzte Krankheit"

Der Arzt muß den Patienten während seiner letzten Krankheit behandelt haben, und auch die Zuwendung muß während dieser Krankheit gemacht worden sein. Dabei spielt es keine Rolle, wenn der Patient während der letzten Monate seines Lebens möglicherweise nicht von dem bedachten Hausarzt, sondern im Krankenhaus behandelt worden ist[25]. Der Begriff „Krankheit" wird auch auf Unfälle ausgedehnt[26]. Allerdings muß es sich tatsächlich um die Krankheit handeln, an der der Patient gestorben ist (dont il meurt). Behandelt der Arzt nur den Beinbruch eines Patienten und stirbt der Patient während der Behandlung, so ist der Arzt nicht von der Sanktion des Art. 909 C.c. betroffen[27]. Auch reine Altersschwäche gilt nicht als Krankheit[28].

Schwierig ist die Frage, wie der Fall zu lösen ist, wenn sich der Kranke nach der Zuwendung wieder erholt. Inwieweit man hierbei von der gleichen Krankheit, an der der Patient später stirbt, sprechen kann, kommt auf die Umstände des Falles an. Jedenfalls ist die Zuwendung in der Regel gültig, wenn sie zwischen zwei Krankheitsperioden erfolgt, auch wenn es sich um die gleiche Krankheitsart handelt und der Patient im Verlauf der zweiten Periode stirbt. So entschied die Cour d'appel von Limoges[29] im Fall eines Arztes, der von seinem Freund zwei Jahre vor seinem Tod eine Schenkung erhalten hatte. Kurz vor der Schenkung hatte der Freund einen Anfall von Gehirnblutung erlitten, war aber wieder völlig genesen und konnte allen seinen Geschäften nachgehen. Kurz vor seinem Tod bekam er einen zweiten Anfall und wurde während dieser Zeit vom Empfänger der Schenkung behandelt.

Auch in anderer Hinsicht entstehen Schwierigkeiten, wenn der Patient nach der Zuwendung geheilt wird. Das Testament kann er in diesem Fall widerrufen, nicht jedoch die Schenkung, es sei denn, daß er aktive unlautere Beeinflussung (captation) des Arztes nachweist[30]. Darin hat man eine fehlerhafte Rechtsgestaltung gegenüber dem ancien

---

[24] Cass.Civ. I, 5 juin 1956, Bull.civ. I, n. 223, Seite 180.
[25] Cass.Civ. I, 22 janv. 1968, D.S. 1968, 382.
[26] h. M., z. B. Planiol et Ripert, Bd. V, Nr. 240.
[27] Cass.Req. 12 janv. 1833, D.jur.gén. a.a.O. n. 268, 1⁰.
[28] Jur.Class. Art. 909 Nr. 51.
[29] 21 mars 1938, D.H. 1938, 298.
[30] Baudry, Lacantinerie et Colin, Bd. IX, Nr. 494.

droit gesehen[31]. In Wirklichkeit handelt es sich um einen immer vor-
handenen Nachteil der Schenkung gegenüber dem Testament, wobei der
Schenker in Frankreich noch die Möglichkeit hat, die Annullierung
der Schenkung wegen Motivirrtums zu betreiben[32].

4. Ausnahmen und Vorschriften gegen eine Umgehung

In seinem zweiten Absatz bestimmt Art. 909 C.c. die Ausnahmen
von der Vermutung: sie gilt nicht bei remuneratorischen Freigiebigkeiten, soweit sie lediglich eine Geldsumme oder einzelne Vermögensgegenstände zum Gegenstand haben und zu den geleisteten Diensten
und den Vermögensverhältnissen des Verstorbenen in einem vernünftigen Verhältnis stehen. Unangemessen hohe Zuwendungen können
die Gerichte auf ein angemessenes Maß herabsetzen, ohne daß sie das
ganze Rechtsgeschäft für nichtig erklären müßten[33].

Der Arzt kann sogar Empfänger von Verfügungen über das gesamte
Vermögen des Verstorbenen werden, wenn er mit ihm bis zum vierten
Grade verwandt war und der Verstorbene keine Erben gerader Linie
hinterlassen hat oder der Arzt selbst zu den Verwandten dieser Linie
gehört.

Den nahen Verwandten stellt die Rechtsprechung die Ehegatten
gleich, obwohl sie im Gesetz nicht erwähnt sind[34].

Um eine Umgehung des Art. 909 C.c. zu vermeiden, bestimmt Art. 911
C.c., daß Zuwendungen zugunsten einer durch Art. 909 C.c. betroffenen
Person auch dann nichtig sind, wenn sie als entgeltlicher Vertrag
getarnt werden oder an Mittelspersonen erfolgen. Als Mittelspersonen
gelten Vater, Mutter, Kinder und andere Descendenten sowie der Ehegatte der betroffenen Person.

Speziell das Problem der getarnten Schenkung bzw. des entgeltlichen
Vertrages, der nur dem Arzt einen Vorteil bringt, spielt in den Fällen
eine Rolle, in denen ein Arzt einen Vertrag über lebenslange Behandlung abgeschlossen und dabei von seiner Kenntnis, daß der Patient nicht
mehr lange leben werde, profitiert hat. Wie die englische hatte sich auch
die französische Rechtsprechung mehrfach mit dieser Fallgruppe zu
beschäftigen[35]. Den jüngsten Beispielfall hat die Cour d'appel von Paris

---

[31] Ripert et Boulanger, Bd. III, Nr. 3500 Anm. 2.

[32] Erreur sur la cause, Ripert et Boulanger, Bd. III, Nr. 3375; Juris-Classeur
Art. 901 Nr. 92 - 94.

[33] Paris, 8 mai 1820, D.jur.gén. a.a.O. n. 363, 1⁰.

[34] Colin et Capitant, Bd. III, Nr. 1457; Trib.civ. Dax 25 mai 1899, D.P. 99,
2, 357.

[35] Paris, 23 juill. 1895, Le Droit 20 déc. 1895.

1964 entschieden[36]: Dr. Achart kaufte Mitte Juni 1960 von seinem Patienten Lepine dessen Haus zu einem Preis von F 21.000, wovon F 1.000 sofort und der Rest in Form einer Lebensrente von F 2.680 jährlich gezahlt werden sollte. Um der Sanktion des Art. 909 C.c. zu entgehen, übertrug Achart nach dem Kauf die ärztliche Behandlung seines Patienten einem Kollegen. Im Juli 1960 starb Lepine. Es konnte nachgewiesen werden, daß Dr. Achart wußte, daß sein Patient schweren Herzattacken ausgesetzt war und nicht mehr lange leben konnte, während die Rente auf eine Zeit von sieben Jahren berechnet war. Es entspricht ständiger französischer Rechtsprechung, daß ein Kaufvertrag (Art. 1582 C.c.) nur gültig ist, wenn ein ernsthafter, nicht völlig lächerlicher Preis vereinbart worden ist. Diese Auffassung wird auf Art. 1591 C.c. gestützt. Für einen Verkauf auf Lebensrente heißt das, daß die periodischen Rentenleistungen höher sein müssen als die Zinsen, die der verkaufte Gegenstand bringt, und daß ein gewisses Risiko für den Käufer vorhanden ist. Dieses Risiko fehlt natürlich, wenn der Käufer weiß, daß der Verkäufer nur noch einige Monate leben wird[37]. Aus diesem Grund konnte der Vertrag zwischen Dr. Achart und Lepine keinen Bestand haben.

Für die französischen Juristen stellt sich in diesem Zusammenhang das Problem, ob ein Kaufvertrag, der wegen unzureichender Gegenleistung unwirksam ist, als verdeckte Schenkung gültig sein kann. Das wird zum Teil verneint mit der Begründung, die Schenkung müsse zumindest nach außen die Bedingungen des Vertrages erfüllen, unter dessen Deckmantel sie einhergehe[38]. Folgt man jedoch der herrschenden Meinung und läßt diese Verträge als Schenkungen bestehen, sofern sie nur als solche gewollt sind[39], ergibt sich ihre Nichtigkeit aus Art. 911 C.c., wenn die Voraussetzungen des Art. 909 C.c. vorliegen.

Weder von einem Kauf mit unzureichender Gegenleistung (Art. 1591 C.c.) noch von einer verdeckten Schenkung (Art. 911 C.c.) kann gesprochen werden, wenn ein Patient sein Grundstück an einen Arzt verkauft, dem Patienten jedoch ein lebenslanges Nießbrauchsrecht verbleibt und er auch erst vier Jahre nach dem Verkauf stirbt[40].

Die Regelung des Art. 909 C.c. soll nach den Vorstellungen der Reformkommission (1961) auch in einem reformierten Code civil er-

---

[36] Paris, 21 déc. 1964, Gaz.Pal. 1965, 1, 202, bestätigt durch Cass.Civ. I, 5 avril 1965 am gleichen Ort.

[37] Cass.Civ. 26 janv. 1931, Gaz.Pal. 1931, 1, 441; Cass.Civ. 19 mai 1951, Bull.cass. 1951, 1, 116.

[38] Cass.Req. 23 juin 1841, S. 41, 1, 867; 26 avril 1893, D.P. 93, 1, 352.

[39] Vgl. Colin et Capitant, Bd. III, Nr. 1624.

[40] Cahors, 8 juill. 1948, D. 1949, 1, 166.

halten bleiben, Art. 931 avant projet. Die Regelung des Entwurfs
bezieht sich allerdings nur auf Testamente. Außerdem ist der Wortlaut
der bestehenden gerichtlichen Praxis angepaßt. Als betroffene Personen
werden nicht mehr nur die Ärzte und Apotheker genannt, sondern
jeder, der die Behandlung des Erblassers während der Krankheit, an
der er stirbt. angeordnet hat. Die Reformkommission hat zwar gezögert,
eine Vorschrift aufrechtzuerhalten, die keine Entsprechung in den
neueren Kodifikationen findet, sie hat sich aber gleichwohl dazu entschlossen, weil sie „eine Garantie für die Ärzte selbst" darstellen
könnte[41].

V. Angehörige geistlicher Berufe

1. Zuwendungen an Geistliche

Im letzten Absatz bestimmt Art. 909 C.c., daß die gleichen Regeln,
die für Ärzte gelten, auch auf Religionsdiener (ministres du culte)
Anwendung finden. Auch sie können demnach keine unentgeltlichen
Zuwendungen erhalten, die ihnen der Gläubige, dem sie vor seinem
Tod beigestanden haben, während seiner letzten Krankheit gemacht hat.
Was Art und Zeitpunkt der Zuwendung sowie den Begriff der letzten
Krankheit betrifft, kann auf das im vorangegangenen Kapitel Gesagte
verwiesen werden. Zwei Fragen stellen sich jedoch neu: wer ist
Religionsdiener, und worin besteht in diesen Fällen das „traitement"?
Daß der Geistliche dem Kranken beigestanden haben muß (traité),
steht zwar nicht im Gesetz, wird aber als selbstverständlich angesehen[1].

Im Gegensatz zum ancien droit, das eine incapacité de recevoir
nur für die Beichtväter vorsah[2], hat der Code civil diese Regel auf
alle Religionsdiener, auch auf die nichtkatholischen, die keine Indivi-
dualbeichte kennen, ausgedehnt. Art. 909 C.c. gilt also für protestan-
tische Pastoren[3] und Rabbiner[4] ebenso wie für katholische Priester.
Schon bei der einzigen Äußerung der Rechtsprechung hinsichtlich
der Rabbiner handelt es sich jedoch um ein obiter dictum. Entscheidungen, in denen Religionsdiener von Sekten betroffen waren, sind
überhaupt nicht bekannt geworden. Trotzdem wird man für sie die
gleichen Regeln gelten lassen, ebenso wie für Personen, die sich aus
Gewinnsucht als Priester ausgeben[5].

---

[41] Teil II, S. 83.
[1] Avant projet, Teil II, S. 83.
[2] s. o. § 1 I; Planiol et Ripert Bd. V, Nr. 242.
[3] Bordeaux, 7 déc. 1857, D. 58, 2, 197.
[4] Alger, 30 avril 1856, D. 59, 1, 81.
[5] Planiol et Ripert Bd. V, Nr. 243; nach Esmein in Aubry et Rau Bd. X,
§ 649 S. 450, sollen allerdings Zauberer nicht darunter fallen (was für die

Schwieriger zu entscheiden ist die Frage, worin das „traitement"
bestehen muß, damit Art. 909 C.c. Anwendung findet. Hierzu gibt
es mehrere Entscheidungen der höheren Gerichte. Allerdings handelt
es sich um eine Frage, die von den Richtern der Tatsacheninstanz entschieden wird, so daß sich eine nicht ganz einheitliche Kasuistik
gebildet hat. Allgemein kann man sagen, daß Art. 909 C.c. nicht zur
Anwendung kommt, wenn der Geistliche nur einzelne Handlungen
vornimmt, z. B. die letzte Ölung und die Absolution im Notfall erteilt[6].
Andererseits braucht er dem Verstorbenen nicht die Beichte abgenommen zu haben, sondern die Voraussetzungen von Art. 909 C.c. sind
bereits gegeben, wenn er dem Verstorbenen mehrfach geistlichen
Beistand (secours spirituel) zuteil werden ließ und die „Funktionen
seiner Religion" ausgeübt hat[7]. Welche Handlungen — namentlich
eines katholischen Geistlichen — gegenüber einem Todkranken von
dieser Formel erfaßt werden sollen, wenn man die letzte Ölung und
die Beichte außer Betracht läßt, ist nicht recht klar. Es ist aber wohl
so gemeint, daß rein formelle sakramentale Akte (letzte Ölung, Messe-
lesen, Kommunion) nicht darunter fallen, weil der Priester dabei keinen
Einfluß auf die Willensbildung des Gläubigen nehmen kann. Daher
verwarf der Kassationshof die Revision gegen ein Urteil, in dem
festgestellt worden war, daß der langjährige Hauskaplan einer adeligen
Dame, der in ihrer Hauskapelle die Messe gelesen und ihr die Kommunion gereicht hatte, aber weder ihr Beichtvater noch ihr geistlicher
Berater gewesen war, nicht von der incapacité betroffen wurde[8]. Dagegen werden geistliche Gespräche, gemeinsames Beten und Gewissens-
erforschung, selbst wenn sie nicht mit der Beichte enden, unter den
Begriff des „traitement" fallen, weil hier die Möglichkeit gegeben ist,
auf das Gewissen und den Willen des Kranken einzuwirken[9]. Ein
religiöses Gespräch unter Freunden, in das auch gelegentliche religiöse
Trostworte einfließen, erfüllt diese Voraussetzungen noch nicht[10],

---

französischen Kolonien von Interesse hätte sein können); nach seiner Auffassung wird dann jedoch regelmäßig ein Fall von nachweisbarer „captation"
vorliegen.

[6] Toulouse, 20 nov. 1835, D.jur.gén. Dispositions entre vifs et testamentaires n. 386 — 3⁰; Grenoble, 16 avril 1806, D.jur.gén. a.a.O. n. 384.

[7] Cass.Req. 18 oct. 1887, S. 88, 1, 377, ein Fall, in dem auch der Verstorbene
katholischer Priester war.

[8] Cass.Req. 13 avril 1880, D. 80, 1, 263.

[9] Vergleiche den rapport von Almeras Latour zu Cass.Req. 13 avril 1880,
D. 80, 1, 263: „Le ministre du culte frappé d'incapacité est celui, qui a en
quelque sorte le gouvernement de l'âme de la personne dirigée dont la
volonté s'efface devant la sienne."

[10] Bordeaux 7 déc. 1857 D. 58, 2, 197.

wohingegen auffallend häufige Besuche, mehrmals täglich, ein sicheres Indiz für ein „traitement spirituel" bilden sollen[11].

Ist der Beichtvater nicht selbst der Begünstigte, kann die Verfügung auch aufgrund widerrechtlicher Drohung (violence, Art. 1111 C.c.) vernichtbar sein. In einer Entscheidung des Tribunal civil von Pont-l'Evêque[12] hatte der Erblasser dem Kaplan des Pfarrers, der sein Beichtvater gewesen war, eine größere Summe vermacht. Der Pfarrer war immer wieder bei dem schwerkranken, geistig geschwächten Erblasser erschienen, obwohl dessen Verwandte ihn gebeten hatten, von weiteren Besuchen Abstand zu nehmen, weil sie den Kranken in Verwirrung stürzten und ihm schadeten. Das Gericht erklärte, daß es die Klage der Erben des Verstorbenen für begründet halte, wenn die Kläger den angebotenen Beweis erbrächten, daß der Erblasser zu seinem Arzt gesagt habe, der Pfarrer sei ein Bote des Himmels, gesandt, um ihn an seine schweren Sünden zu erinnern, von denen er durch ein Vermächtnis in Höhe von mindestens F 2.000 befreit werden könne[13].

2. Zuwendungen an geistliche Orden

Nach dem Gesetz vom 24. Mai 1825 (Art. 5) dürfen Frauenorden, die als juristische Personen anerkannt sind, keine unentgeltlichen Zuwendungen von ihren Mitgliedern erhalten, die ein Viertel des Vermögens der Verfügenden überschreiten. Dieses Viertel darf nicht mehr als F 100.000 betragen. Eine Zuwendung, die diese Grenzen überschreitet, ist nicht reduzierbar, sondern nichtig. Die gleiche Beschränkung besteht bei Ordensfrauen untereinander, weil man befürchtet, die dem Orden zugedachten Zuwendungen würden sonst pro forma an die Oberin erfolgen und der Gesetzeszweck damit umgangen.

Sinn der Vorschrift ist neben der Befürchtung, auf die Nonnen könnte von ihren Vorgesetzten Druck ausgeübt werden, der Gedanke, daß das Familienvermögen nicht durch eine zu große Ergebenheit der Ordensschwester an ihren Orden übermäßig geschmälert werden soll[14]. Alte Damen, die nur als Pensionärinnen im Kloster wohnen, sind von der Vorschrift nicht betroffen[15], ebensowenig wie die Angehörigen von

---

[11] Cass.Civ. 3 juin 1959 Bull.civ. I no. 278, Seite 232 (Bestätigung der Cour d'appel; die erste Instanz hatte anders entschieden).

[12] 22 janv. 1861 sous Cass.Civ. 23 juin 1863, D. 63, 1, 310.

[13] Es handelte sich um ein „jugement avant faire droit", eine Art Zwischenurteil über die Schlüssigkeit der Klage.

[14] Planiol et Ripert, Bd. V, Nr. 245.

[15] Ripert et Boulanger, Bd. III, Nr. 3508, Anm. 4.

Männerorden[16]. Es gibt allerdings eine Entscheidung des Tribunal civil von Toulouse, in der ein Vertrag für nichtig erklärt wurde, den ein Priester aufgrund der Einschüchterung durch eine feierliche Vorladung vor seine Oberen unterzeichnet hatte[17].

VI. Captation

Der domination im englischen entspricht die captation im französischen Recht. Im ancien droit galten captation und suggestion aufgrund einer Ordonnance vom August 1735 ohne weiteres als Nichtigkeitsgründe, wobei allerdings umstritten war, was diese Begriffe bedeuteten und worin sie sich unterschieden[1]. Heute verwendet die Rechtsprechung beide Begriffe ohne Unterscheidung für die unlautere Einflußnahme bei einer unentgeltlichen Zuwendung unter Lebenden oder von Todes wegen. Der Code civil kennt allerdings keine Vorschrift, die sich mit captation befaßt. Während der Revolution wollte man eine Bestimmung erlassen, daß Testamente überhaupt nicht mehr wegen captation angegriffen werden könnten. Man hat aber davon Abstand genommen und es der Rechtsprechung überlassen, in welchen Fällen sie Nichtigkeit einer unentgeltlichen Verfügung wegen unlauterer Beeinflussung zulassen wollte[2].

Die Rechtsprechung stützt sich gewöhnlich auf Art. 901 C.c., der besagt, daß man geistig gesund sein muß, um Schenkungen und letztwillige Verfügungen vornehmen zu können. Nichtigkeit wegen captation nimmt sie nur in den Fällen an, in denen zugleich die Voraussetzungen des dol (arglistige Täuschung Art. 1116 C.c.) oder der violence (widerrechtliche Drohung Art. 1111 - 1115 C.c.) erfüllt sind[3].

Voraussetzung der violence ist, daß die Drohung schwer genug wiegt, um die Willensfreiheit des Bedrohten zu beeinträchtigen. Dabei sind sein Alter, sein Geschlecht und seine besondere Situation zu berücksichtigen (Art. 1112 C.c.).

Esmein[4] ist der Auffassung, bei unentgeltlichen Verfügungen würden weniger hohe Anforderungen an die Schwere der Drohung gestellt — eine Ansicht, die sich auch zuweilen in der Rechtsprechung zu be-

---

[16] Zachariä/Crome, Bd. IV, S. 240.

[17] 14 août 1889, Gaz.Pal. Tables 1887, 92, obligations Nr. 134. Ohne weitere Gründe.

[1] Vgl. Planiol et Ripert Bd. V, Nr. 187.

[2] Planiol et Ripert a.a.O.

[3] So z. B. Bordeaux 6 janv. 1937 Gaz.Pal. 1937, 1, 531. Die Literatur wählt gewöhnlich ein anderes System: sie unterscheidet violence einerseits und captation, die zugleich die Voraussetzungen des dol erfüllen müsse, andererseits. So z. B. Planiol et Ripert Bd. V, Nr. 187; Jur.Class. Art. 901 sec. II u. III.

[4] In Aubry et Rau Bd. X, § 654 Nr. 3.

stätigen scheint[5]. In der übrigen Literatur wird das jedoch abgelehnt[6]. Der Streit erscheint wenig bedeutungsvoll. In den meisten Entscheidungen handelt es sich um Zuwendungen von Sterbenden, Kranken oder Greisen, deren Geisteskräfte nachlassen. In diesen Fällen ist bereits nach Art. 1112 C.c. zu berücksichtigen, daß eine geringere Intensität der Drohung ausreicht, um eine unabhängige Willensbildung zu verhindern.

Dol ist — im Gegensatz zur arglistigen Täuschung im deutschen Recht — nicht nur gegeben, wenn der rechtsgeschäftlich Handelnde in einen Irrtum versetzt worden ist, sondern auch, wenn er ganz allgemein ein Opfer von „manoeuvres dolosives" — unredlichen Machenschaften — wurde[7].

Zusammenfassend läßt sich sagen, daß eine Schenkung oder ein Testament nicht angegriffen werden kann, wenn der Begünstigte sich lediglich beim Verfügenden eingeschmeichelt und versucht hat, seine Zuneigung zu gewinnen[8].

Liegen die Voraussetzungen von violence oder dol vor, ist die Rechtsfolge relative Unwirksamkeit.

Allerdings kann die Tatsache, daß der Erblasser sein Testament, das ja frei widerruflich ist, nicht mehr abgeändert hat, nachdem der Einfluß beendet war, als Bestätigung des Testaments gewertet werden; natürlich nur dann, wenn er nicht unmittelbar nach Abfassung seiner letztwilligen Verfügung stirbt[9]. Ob der Urheber der Drohung oder der unlauteren Machenschaften zugleich Begünstigter ist, ist gleichgültig. Insoweit geht die Regelung für unentgeltliche Zuwendungen über die bei entgeltlichen Verträgen hinaus[10].

Ob violence oder manoeuvres dolosives vorliegen, entscheiden die Richter der Tatsacheninstanzen. Um eine genaue Definition dieser Begriffe hat sich die Rechtsprechung nicht bemüht. Wie zu der Frage, in welchem Fall Geistliche von der Empfangsbeschränkung des Art. 909 C.c. betroffen werden, hat sich auch hier eine nicht ganz einheitliche Kasuistik gebildet.

Der Kassationshof bestätigte eine Entscheidung der Cour d'appel von Bastia[11], in der ein Testament zugunsten des Mannes der Erb-

---

[5] Bordeaux, 8 mai 1860 D.P. 60, 2, 129 (131, 1. Spalte Mitte).

[6] Planiol et Ripert, Bd. V, Nr. 186.

[7] Ferid 1 E 226.

[8] Cass.Req. 2 juill. 1895 S. 95, 1, 504; Trib.civ. d'Abbeville, 6 juill. 1949 D. 1949, 508.

[9] Ripert et Boulanger, Bd. III, Nr. 3376.

[10] Ständige Rechtsprechung seit Cass.Req. 18 mai 1825, D. 25, 1, 321.

[11] Cass.Req. 15 mai 1861, D. 62, 1, 327.

lasserin für nichtig erklärt worden war, wenngleich nicht alle Gründe
der Entscheidung überzeugend wirken. Das Berufungsgericht hatte
zunächst festgestellt, es erscheine unerklärlich, daß die Erblasserin nicht
in größerem Maße ihre Tochter aus erster Ehe bedacht habe. Ferner
sei die Frau wegen ihrer angegriffenen Gesundheit leicht zu beeinflussen gewesen. Der Mann habe die ehrenhaftesten Männer des Ortes
als Testamentszeugen zusammengerufen (offenbar, um späteren Zweifeln an der Rechtmäßigkeit des Testaments vorzubeugen). Schließlich
sei das Vermächtnis zu seinen Gunsten nur deshalb so hoch ausgefallen,
weil man der Erblasserin wahrheitswidrig vorgehalten habe, der
Mann hätte erhebliche Summen für sie aufgewendet. Der Kassationshof
bestätigte die Entscheidung wohl lediglich wegen des zuletzt genannten
Grundes.

Demgegenüber hielt die Cour d'appel von Anger[12] eine Generalvollmacht für gültig, die eine Ehefrau von ihrem Mann unter Ausnutzung seiner Angst erhalten hatte. Der Mann war bereits öfter in
der Nervenklinik gewesen und fürchtete, daß seine Frau ihn wieder
dahin zurückbringen lassen werde. Trotzdem wollte das Gericht nicht
ausschließen, daß nur der gewöhnliche Einfluß der Ehefrau auf den
Mann für die Erteilung der Vollmacht bestimmend gewesen sei.

Ein eindeutiger Fall liegt der Entscheidung der Cour d'appel von
Bordeaux vom 8. Mai 1860[13] zugrunde. Die Mätresse eines sehr reichen
Mannes versetzte diesen mit Mord- und Selbstmorddrohungen in ständige Angst und Unsicherheit. Kurz vor seinem Tod brachte sie ihn in
sein Landhaus und sorgte dort für die Aufnahme eines öffentlichen
Testaments. Später im Prozeß bestätigten die Testamentszeugen die
Zielstrebigkeit, mit der sie darangegangen war, sich einen großen Teil
des Nachlasses zu sichern, ein Eindruck, der sich durch ihre eigenen
Bemerkungen nach seinem Tod noch verstärkte. Das Gericht stellte
fest, daß sie durch die ständige Furcht, die sie dem Erblasser eingejagt
hatte, einen unüberwindlichen Einfluß über ihn erlangt habe, den sie
vor und während der Errichtung des Testaments ausübte, während er
nur noch den Wunsch hatte, in Frieden zu sterben.

Zwei Entscheidungen des Kassationshofs befassen sich mit der
Drohung, einen Pflegebedürftigen zu verlassen.

In der ersten Entscheidung[14] erklärte das Gericht die Schenkung
eines Mannes für nichtig, der von der Krankheit geschwächt ans Bett
gefesselt war. Seine Familie hatte ihn verlassen, und er war auf die

---

[12] 19 mars 1956, D. 1957, 1, 22.
[13] D.P. 60, 2, 129.
[14] Cass.Req. 27 janv. 1919, S. 1920, 1, 198.

Gunst seiner Pächter angewiesen. Sie drohten damit, ihn nicht weiter zu pflegen, wenn er ihnen nicht sein Vermögen schenke.

Im zweiten Fall[15] ließ eine Hausangestellte ihrem Herrn nur dann die nötige Pflege zukommen, wenn er ihr größere Vermächtnisse aussetzte. Sie hielt seine Familie von ihm fern, diffamierte sie und gewann im ganzen einen beträchtlichen Einfluß über den durch Krankheit und Alter geschwächten Willen des Erblassers. Sie holte ihre eigene Familie ins Haus und ließ seine Angehörigen nur zu ihm, wenn er nicht bei Bewußtsein war. In diesem Fall kamen zur Drohung noch „manoeuvres dolosives", nämlich das Fernhalten der Familie.

Das Fernhalten von Freunden und Verwandten, das Auffangen von Briefen, überhaupt das Abschneiden alter Bindungen stellt den typischen Fall von unlauteren Machenschaften gegenüber alten Menschen dar[16]. Ist der Zuwendende auf diese Weise von seiner Umwelt isoliert worden, bedarf es nicht des Nachweises der Drohung, um eine Schenkung oder ein Testament für nichtig zu erklären[17].

Dagegen genügt zur Vernichtbarkeit eines Testaments nicht die bloße Tatsache, daß die Haushälterin oder Vermögensverwalterin des Erblassers bedacht worden ist[18].

---

15 Cass.Req. 19 juin 1877, S. 1878, 1, 271.
16 Cass.Req. 17 avril 1882, D. 82, 5, 163.
17 Cour d'appel de Nîmes 11 juin 1945, Gaz.Pal. 1945, 2, 51.
18 Colmar 18 oct. 1929, D. 1931, 2, 94.

§ 4 Das deutsche Recht

I. Unlautere Ausnutzung von Vertrauensverhältnissen als Verstoß gegen die guten Sitten

Versucht man Fälle, wie die anhand der englischen und französischen Rechtsprechung dargestellten, nach deutschem Recht zu lösen, so wird man, soweit unlautere Beeinflussung nachgewiesen werden kann, in der Regel zur Nichtigkeit des Rechtsgeschäfts gem. § 138 BGB kommen.

1. Schenkungen von Kindern an ihre Eltern

Es verstößt zum Beispiel gegen das Rechtsgefühl aller anständigen Menschen, wenn Eltern ihre Autorität und das ihnen entgegengebrachte Vertrauen mißbrauchen, um von ihrem gerade volljährig gewordenen Kind eine Zuwendung zu erhalten, die das Kind für lange Zeit wirtschaftlich und damit auch persönlich abhängig macht.

Das Reichsgericht hatte sich in zwei Entscheidungen mit solchen Fällen zu befassen.

Im ersten Fall[1] hatte der Kläger während seiner Minderjährigkeit von seiner verstorbenen Mutter verschiedene hohe Beträge geerbt, die sein Vater, der Beklagte, in Besitz hatte und verwaltete. Der Vater heiratete ein zweites Mal und errichtete mit seiner Frau ein gemeinsames Testament, in dem bestimmt war, daß ihm und nach seinem Tod der zweiten Frau das Nutzungsrecht an dem Vermögen der Kinder zustehen sollte. Sollten die Kinder erster Ehe nicht damit einverstanden sein und ihren Vermögensanteil herausverlangen, so würden sie auf den Pflichtteil gesetzt. Zehn Jahre nach Errichtung dieses Testaments klärte der Beklagte seine Kinder, die inzwischen volljährig geworden waren, über dessen Inhalt schriftlich auf. Er wies in diesem Schreiben darauf hin, daß die Regelung des Testaments „der Gerechtigkeit und der von Gott den Eltern allein zukommenden Stellung" entspräche und ließ den Kläger „als gehorsames Kind, das sich bewußt ist, daß der Wille seiner Eltern wohlerwogen und die Bestimmung zu seinem und seiner Geschwister Besten" sei, die Unterwerfung unter die Bestimmungen des Testaments schriftlich erklären. Das Reichsgericht hielt die Unterwerfungserklärung gem. § 138 Abs. 1 BGB für nichtig. Es

---

[1] RG in JW 1937 S. 25 mit zustimmender Anmerkung von Lehmann.

wies zunächst die Behauptung des Vaters zurück, es habe sich um eine gutgemeinte Regelung der familiären Verhältnisse gehandelt. Dagegen stellte es fest, die Stellung eines würdigen Familienoberhauptes dürfe nicht dazu mißbraucht werden, das Kind zu völliger wirtschaftlicher Abhängigkeit zu knebeln. Die elterliche Autorität finde ihre Grenzen an den im Gesetz vorgesehenen Vermögensfolgen und dem berechtigten Interesse der Kinder, sich auf eigene Füße zu stellen. Die vom Beklagten angestrebte Regelung habe nur seinen eigenen Interessen und denen seiner zweiten Frau gedient. Er habe daher aus Eigennutz gehandelt.

Im zweiten Fall[2] ließ sich der Vater ein lebenslanges Nießbrauchsrecht am Vermögen der Tochter sowie eine auf 25 Jahre unwiderrufliche Generalvollmacht übertragen. Das Reichsgericht hielt den Vertrag gem. § 138 Abs. 1 BGB für nichtig, einmal weil er für lange Zeit zu Unfreiheit und Abhängigkeit der Tochter führte, zum anderen, weil der Beklagte seine 24jährige unerfahrene „Haustochter" unter Ausnutzung seines Ansehens zum Abschluß des Vertrages bewogen hatte.

Ferner ist es — ebenso wie im englischen — auch im deutschen Recht den Eltern nicht gestattet, von einem erwachsenen Kind Ausbildungskosten in einer Weise zu verlangen, daß seine wirtschaftliche Unabhängigkeit gefährdet wird. Daher erklärte das Reichsgericht[3] einen Vertrag für sittenwidrig, in dem sich der Sohn verpflichtet hatte, seinen Eltern monatlich 50 % des 250 Mark übersteigenden Teils seines Einkommens als Ausgleich für aufgewandte Ausbildungskosten zu zahlen.

Nach den gleichen Gesichtspunkten wären im deutschen Recht Zuwendungen von jüngeren Menschen an einen älteren Freund (vgl. *Smith v. Kay*, oben § 2 I Fußnote 24) sowie Schenkungen von Mündeln an Vormünder (vgl. etwa *Hatch v. Hatch*, oben § 2 III Fußnote 3) zu beurteilen. Die Abrechnung des Vormundes erhält nach deutschem Recht (§ 1892 BGB), nicht das Mündel, sondern das Gericht. Es prüft sie sachlich und rechnerisch und erteilt ihm dann eine Anerkenntnisurkunde. Das Problem einer Schenkung, die der Vormund vom Mündel durch Hinauszögern der Abrechnung erzwingt[4], taucht also im deutschen Recht nicht auf.

2. Ausnutzung der Schwäche eines Hausgenossen

Sittenwidrig — und damit gem. § 138 Abs. 1 BGB nichtig — sind auch Rechtsgeschäfte, die durch die Ausnutzung der Schwäche eines

---

[2] RG in LZ 1919 S. 1131.
[3] RG in WarnRspr. 1934 Nr. 48.
[4] s. o. § 2 III.

Menschen, mit dem man zusammenlebt und der von einem abhängig ist, zustande kommen. Das Reichsgericht äußerte sich in diesem Sinne in mehreren Entscheidungen, die allerdings nicht aufeinander Bezug nehmen und auch nur vereinzelt in der Literatur erwähnt werden[5].

In einem Fall[6] hatten die erwachsenen Kinder mit ihrem Vater, in dessen Haus sie lebten und dessen Geschäft sie führten, einen Erbvertrag zu ihren Gunsten geschlossen. Dabei hatten sie hinter dem Rücken ihrer Geschwister die geistige und willensmäßige Schwäche des Vaters ausgenutzt. Das Reichsgericht schloß aus dieser Handlungsweise nicht nur auf das „Fehlen einer besonders vornehmen Gesinnung" (so die Revision), sondern hielt das Verhalten der Kinder für sittenwidrig.

Den bekanntesten Fall zu diesem Thema hat der Bundesgerichtshof[7] entschieden. Die ältere Schwester, die die Pflege ihres 23jährigen geistig schwachen Bruders übernommen hatte, ließ sich von ihm unter zielstrebiger Ausnutzung ihrer Vertrauensstellung zur Vertragserbin einsetzen. Der BGH hielt die Voraussetzungen des § 138 Abs. 1 BGB für erfüllt. Dabei orientierte er sich an den Merkmalen des § 138 Abs. 2 BGB. Wenn nach dieser Vorschrift ein Rechtsgeschäft nichtig sei, durch das sich jemand unter Ausbeutung der Unerfahrenheit eines anderen für eine Leistung Vermögensvorteile versprechen oder gewähren lasse, die den Wert der Leistung in außergewöhnlichem Maße überstiegen, so müsse das erst recht für ein Geschäft gelten, durch das nur dem Ausbeutenden Vorteile zukämen, ohne daß er eine Gegenleistung erbracht hätte. Im vorliegenden Fall kam zu der Ausbeutung der Unerfahrenheit noch die planmäßige Ausnutzung der geistigen Beschränktheit des Erblassers hinzu. Da § 138 Abs. 2 BGB nur ein Sonderfall des gegen die guten Sitten verstoßenden Geschäfts ist, ist es zulässig, die Kriterien des zweiten Absatzes zur Auslegung des ersten heranzuziehen[8]. Man kann solche Geschäfte, durch die eine Partei sich einen Vorteil unter Ausnutzung der beeinträchtigten Willens- und Entschließungsfreiheit der anderen verschafft, als wucherähnliche Geschäfte bezeichnen[9].

In diese Gruppe sittenwidriger Geschäfte gehören auch die Fälle, in denen ein Ehepartner die Willensschwäche des anderen ausnutzt

---

[5] RG in JW 1923 S. 922; in WarnRspr. 1927 Nr. 46; RG 1. 10. 1936 IV 110/36, nur der Leitsatz abgedruckt in RGRK § 138 Anm. 42. In der Literatur hält nur Flume Zuwendungen an Vertrauenspersonen nach § 138 Abs. 1 BGB für fragwürdig, § 18₂, S. 371 f.

[6] RG in WarnRspr. 1927 Nr. 46.

[7] BGH, Urteil vom 4. 6. 1951, in LM Nr. 1 zu § 138 Bc.

[8] RGZ 150 S. 1.

[9] So Palandt/Heinrichs, § 138 5a, aa.

(vgl. *Bank of Montreal v. Stuart*, oben § 2 II Fußnote 9) oder eine Haushälterin einen alten Mann, den sie betreut, von seiner bisherigen Umgebung isoliert und seine zunehmende körperliche und geistige Schwäche sowie seine Angst, sie könnte ihn verlassen, dazu benutzt, um sich nach und nach fast sein ganzes Vermögen schenken zu lassen (vgl. *In Re Craig*, oben § 2 VI Fußnote 13).

3. Knebelung

Selbst wenn der Begünstigte nicht planmäßig aus Eigennutz gehandelt hat, verstößt ein Rechtsgeschäft, durch das sich jemand finanziell völlig in die Hand eines anderen begibt, gegen die guten Sitten. Als Beispiel solch einer Knebelung kann der Fall dienen, daß eine alleinstehende Frau ihr ganzes Vermögen, aus dem sie ihre einzigen Einkünfte bezieht, ihrer älteren Schwester überträgt, um von ihr versorgt zu werden (*Harvey v. Mount*, s. o. § 2 I Fußnote 22), oder, daß ein Patient, der fast sein ganzes Leben in einer privaten Nervenheilanstalt zugebracht hat, nach seiner Genesung sein Vermögen dem Inhaber der Anstalt schenkt und weiter in dem Heim wohnen bleibt (*Wright v. Proud*, s. o. § 2 VII Fußnote 18). Nach Auffassung des Bundesgerichtshofs genügt es bei einem solchen Geschäft, das bereits wegen seines objektiven Inhalts sittenwidrig ist, wenn die begünstigte Partei die Umstände, die die Sittenwidrigkeit begründen, kannte, oder sich der Kenntnisnahme böswillig (d. h. grob fahrlässig) verschloß[10]. Nach richtiger und im Vordringen begriffener Ansicht kommt es in derartigen Fällen auf einen subjektiven Tatbestand überhaupt nicht an, da § 138 BGB nur voraussetzt, daß das Rechtsgeschäft als solches sittenwidrig ist, was auch dann der Fall sein kann, wenn keine der Parteien sittenwidrig gehandelt hat[11].

4. Schenkungen an Anwälte — Sonderhonorar

Man wird nicht sagen können, daß ein Rechtsanwalt unter keinen Umständen ein Geschäft mit seinem Mandanten abschließen darf, solange das Auftragsverhältnis nicht beendet ist[12]. Schenkungen an Rechtsanwälte verstoßen jedoch insbesondere dann gegen die guten

---

[10] BGHZ 10 S. 228, 233 (Gefährdung dritter Gläubiger); BGH in WM 1969 S. 1255 (Ausnutzung der schwierigen Lage des Geschäftspartners); ebenso Enneccerus/Nipperdey, § 191 II 2, S. 1167.

[11] Oertmann, § 138 B 1a; Flume, § 18₃, S. 373 f.; Staudinger/Coing, § 138 Rdnr. 12 u. 12a; Larenz, Jur.Jahrb. 7 S. 98, 120 f.; Soergel/Hefermehl, § 138 Rdnr. 25 gegen die Vorauflage.

[12] Kalsbach, S. 274, 275 oben 276; a. A.: OLG München als Vorinstanz zu BGH, Urteil vom 24. 2. 1967, in LM zu § 138 Cf. Der BGH läßt die Frage offen.

Sitten, wenn sie der Anwalt als Belohnung für einen gewonnenen Prozeß regelrecht fordert[13] (vgl. *Brown v. Kennedy*, oben § 2 IV Fußnote 12). Das Reichsgericht[14] hielt die Vereinbarung eines unangemessen hohen Sonderhonorars für sittenwidrig, weil der Anwalt das Honorar nach Abschluß seines Auftrages verlangt und dabei in ungehöriger Weise Druck auf die Klientin ausgeübt hatte. Der Anwalt sollte nämlich als unwiderruflicher Vertreter Zahlungen des Prozeßgegners für die Klientin entgegennehmen, so daß die Klientin für den Fall der Nichtbewilligung des Sonderhonorars Nachteile befürchtete. Es kann keinen Unterschied machen, ob es sich um ein nachträglich versprochenes Sonderhonorar oder um eine aus „Dankbarkeit" geleistete Schenkung handelt. Die Vorstellung des Klienten ist in beiden Fällen die gleiche. Er erwartet keine Gegenleistung, sondern wird von seinem Anwalt unter Druck gesetzt, sich für bereits geleistete Dienste erkenntlich zu zeigen.

Entsprechendes gilt für einen Treuhänder, der sich während der Zeit seines Amtes vom Treugeber eine Schenkung versprechen läßt (vgl. *Barrett v. Hartley*, oben S. 56). Daher erklärte das OLG Karlsruhe[15] eine übermäßige Belohnung seitens des Gemeinschuldners an den Konkursverwalter gem. § 138 Abs. 1 BGB für nichtig. Es besteht in einem solchen Fall eine Abhängigkeit des Gemeinschuldners vom Konkursverwalter, die sich darin äußert, daß der Konkursverwalter die Masse, das heißt in der Regel das ganze Vermögen des Gemeinschuldners, in Besitz und Gewahrsam hat, verwaltet und den Erlös zur Befriedigung der Gläubiger verwendet.

5. Zuwendungen an Ärzte und Pflegepersonen

Die einzigen in Deutschland veröffentlichten Entscheidungen, die auf unlautere Weise erlangte Zuwendungen an Ärzte behandeln, sind das eingangs zitierte Urteil des Oberappellationsgerichts Darmstadt[16] und eine Entscheidung des BGH[17], in der der Revisionskläger vergeblich versucht hatte, das Gericht zu einer entsprechenden Anwendung des Rechtsgedankens von Art. 909 des französischen Code civil zu bewegen. Der BGH entschied damals zu Recht, daß ein Grundstücksverkauf an einen Arzt nicht schon deswegen gem. § 138 BGB nichtig sei, weil sich der Arzt gegenüber dem Verkäufer, außer zur Zahlung einer lebenslangen Rente, zur freien Behandlung im Krankheitsfall verpflichtet

---

13 Dahs, Rdnr. 1057; Gerold/Schmidt Anm. 15 zu § 3.
14 RGZ 83 S. 110.
15 OLGZ 27 S. 255.
16 s. o. § 1 III Fußnote 3.
17 Urteil vom 27. 4. 1965, LM Nr. 3 zu § 138 Cf.

habe. Der Revision hielt das Gericht entgegen, daß der Rechtsgedanke des Art. 909 C.c., auf den sie sich berief, nicht ohne weiteres ins deutsche Recht übertragbar sei, und daß zudem die Voraussetzungen dieser Vorschrift im konkreten Fall nicht vorlägen.

Droht eine Pflegeperson einen Kranken zu verlassen, wenn er ihr keine Schenkung macht oder sie in seinem Testament bedenkt, so mag das angedrohte Weggehen selbst nicht rechtswidrig sein. Das Rechtsgeschäft wäre dennoch wegen Drohung gem. § 123 BGB anfechtbar, weil in diesem Fall die Drohung mit einer an sich rechtmäßigen Handlung zu einem rechtswidrigen Zweck mißbraucht worden ist[18].

6. Zuwendungen an Geistliche — Ausbeutung einer psychologischen Zwangslage

In Deutschland wurde keine Entscheidung veröffentlicht, die eine unentgeltliche Zuwendung an einen Geistlichen zum Gegenstand gehabt hätte. Das ist auffällig und kann auch nicht allein damit erklärt werden, daß nach früherem Landesrecht Ordensleute entweder überhaupt als vermögens- und erwerbsunfähig galten (z. B. §§ 1199 - 1209 Teil II Tit. 11 Pr.A.L.R.; bei einem höheren Betrag als 2000 fl.: Bayr. Amortisationsgesetz vom 13. Okt. 1764) oder nur mit staatlicher Genehmigung Schenkungen oder Zuwendungen von Todes wegen erhalten konnten (zu einer solchen Regelung ermächtigte Art. 87 EGBGB die Landesgesetzgeber). Allerdings gehörte die Frage, ob im Einzelfall einem Ordensmitglied die behördliche Genehmigung zu erteilen sei, dem öffentlichen Recht an, und es ist nicht erstaunlich, wenn keine entsprechenden Verwaltungsgerichtsentscheidungen vorhanden sind. Verwaltungsgerichte waren nicht überall eingerichtet, und wenn sie eingerichtet waren, war der Verwaltungsrechtsweg auf einzelne Klagearten beschränkt. Zudem gab es nur in wenigen kleinen Staaten Gesetze, die einen entsprechenden Genehmigungsvorbehalt enthielten[19]. Die Entscheidung darüber, ob die Voraussetzungen der beschränkten Erwerbsfähigkeit vorlagen, sowie über die Herausgabe des entgegen den Vorschriften Erlangten, oblag jedoch den Zivilgerichten, so daß es insoweit durchaus einschlägige Urteile geben könnte. Das Reichsgericht hat auch zweimal über die Frage entschieden, ob Nonnen als einzige Verwandte des Erblassers trotz der Vorschrift der §§ 1199 ff. Teil II Tit. 11 Pr.A.L.R. gesetzliche Erben sein konnten.

---

[18] RG in JW 1902 Beilage, S. 286; ähnlich OLG Hamburg in HansGerZ 1934 B Nr. 194.

[19] Lübeck und vier der thüringischen Kleinstaaten, seit 1923 Thüringen; vgl. Staudinger/Keidel, 9. Aufl., Art. 87 EGBGB Anm. 6.

Die überwiegende Mehrzahl der Pfarrseelsorger — die katholischen Weltgeistlichen und die evangelischen Pfarrer — wurden von den landesrechtlichen Sanktionen nicht betroffen. Eine entsprechende Anwendung der landesrechtlichen Vorschriften kam nicht in Betracht. Diese Regelungen hingen nicht mit dem geistlichen Amt, sondern nur mit dem Armutsgelübde der Ordensleute zusammen. Sie dienten dazu, Zuwendungen an die sogenannte „tote Hand" zu vermeiden[20]. Man war allgemein der Ansicht, daß es volkswirtschaftlich nicht wünschenswert sei, wenn die Kirche zuviel Vermögen ansammle. Da die Kirche durch das kanonische Recht weitgehend gehindert ist, einmal erworbene Güter wieder zu veräußern, fürchtete man, diese Vermögensmassen seien dem Geschäftsverkehr für immer entzogen[21]. Daher wurde in fast allen europäischen Staaten sogenannte Amortisationsgesetze erlassen, die die Erwerbsmöglichkeiten der Kirche und der Orden beschränkten. Nun sind nach kanonischem Recht Ordensleute, die das feierliche Gelübde (solemnis professio) der Armut abgelegt haben, zwar nicht in ihrer Erwerbsfähigkeit beschränkt, wohl aber in ihrer Vermögensfähigkeit, d. h. das, was sie erwerben, geht auf den Orden, bei den Bettelorden die Kirche, über (Can. 582, 531). Wären Zuwendungen an Ordensleute erlaubt gewesen, hätten die Amortisationsgesetze umgangen werden können. Angesichts dieses Zwecks der Erwerbsbeschränkungen wurden die Vorschriften auch nicht auf Ordensleute angewandt, die keine feierlichen Gelübde abgelegt hatten und somit nach kanonischem Recht für sich selbst Eigentum erwarben (Can. 580)[22].

Seit Inkrafttreten des BGB ist die Bedeutung der landesrechtlichen Erwerbsbeschränkungen stark zurückgegangen. Die größeren Staaten hoben ihre bisherigen Beschränkungen auf und machten von der Ermächtigung des Art. 87 EGBGB keinen Gebrauch[23]. Durch das Gesetz zur Wiederherstellung der Gesetzeseinheit auf dem Gebiet des Bürgerlichen Rechts vom 5. 3. 1953 wurde Art. 87 EGBGB aufgehoben[24].

Nach kanonischem Recht sind die Weltgeistlichen nicht gehalten, Schenkungen und Erbschaften nicht anzunehmen. Es ist ihnen lediglich verboten, als Gebühren für ihre Amtshandlungen (die dem Pfarrer selbst, nicht der Kirche zustehen, Can. 463) überhöhte Beträge zu fordern, Can. 2408. Freiwillig gezahlte Beträge, die die Taxe überschreiten, darf der Geistliche behalten[25].

---

[20] Staudinger/Keidel, 9. Aufl., Art. 87 EGBGB Anm. 2.
[21] RGZ 41 S. 308, 309 f.
[22] RGZ 41 S. 308, 311 ff.; vgl. auch Art. 87 Abs. 3 EGBGB.
[23] Vgl. Staudinger/Keidel, 9. Aufl., Art. 87 EGBGB Anm. 6.
[24] Teil II Art. 3 (BGBl. I 33).
[25] Eichmann/Mörsdorf S. 460.

1938 führten die Nationalsozialisten mit § 48 Abs. 3 TestG eine Bestimmung ein, die lautete: „Eine Verfügung von Todes wegen ist nichtig, soweit ein anderer den Erblasser durch Ausnutzung seiner Todesnot zu ihrer Einrichtung bestimmt hat." In der amtlichen Begründung heißt es[26]: „Es ist vorgekommen, daß Religionsdiener in Verkennung ihrer wahren Pflichten auf einen Erblasser am Sterbebett unter Ausnutzung seiner Todesnot (z. B. unter Ausnutzung seiner Angst vor dem Jenseits) eingewirkt haben, um Zuwendungen zu Gunsten von kirchlichen Einrichtungen zu verlangen. Ein solches Verhalten kann nicht gebilligt werden." Die Begründung nennt jedoch keinen Fall, in dem eine Ausnutzung der Todesnot vorgekommen wäre, und die Kommentierungen zu § 48 TestG verweisen nur auf die amtliche Begründung, wenn sie behaupten, daß es solche Fälle gegeben hätte[27].

Die Siegermächte ließen § 48 Abs. 3 TestG im Gegensatz zu anderen, eindeutig nationalsozialistischen Bestimmungen des Testamentsgesetzes bestehen. Das ist nicht verwunderlich, da ihnen der Tatbestand als undue influence oder in Form von Art. 909 C.c. geläufig war. Auch im Regierungsentwurf des Gesetzes zur Wiederherstellung der Gesetzeseinheit auf dem Gebiet des bürgerlichen Rechts war die Änderung des § 2078 Abs. 2 BGB dahin vorgesehen, daß die Worte „oder durch Ausnutzung seiner Todesnot" eingefügt werden sollten. Dieser Zusatz wurde vom Bundestag jedoch deshalb gestrichen, weil der damit bezeichnete Anfechtungsgrund ohnehin von § 138 BGB umfaßt sei. Die deshalb überflüssige Aufführung dieses Anfechtungsgrundes könnte mit Rücksicht auf die unsachlichen Gründe, die seinerzeit den Gesetzgeber zur Schaffung der Vorschrift des § 48 Abs. 3 TestG veranlaßten, eine ungerechtfertigte Verdächtigung der Religionsdiener bedeuten[28].

Daran ist richtig, daß der Tatbestand von § 138 BGB mitumfaßt wird. Die ausdrückliche Erwähnung der Ausnutzung der Todesnot als Anfechtungsgrund verbessert auch nicht die schwierige Beweissituation des Anfechtenden, noch dient sie dazu, die Generalklausel des § 138 BGB in wesentlichem Maße zu konkretisieren. Insofern konnte also auf die Vorschrift verzichtet werden. Andererseits war hier ein erster Schritt dazu getan worden, einem Tatbestand unzulässiger Beeinflussung, bzw. Ausnutzung einer Notlage, als Rechtsfolge die Anfechtbarkeit zuzuordnen. Da es sich begrifflich um einen Willensmangel handelt, ist diese Rechtsfolge die allein richtige[29]. Das Argument, daß durch die

---

[26] DJ 1938 S. 1254 ff.

[27] z. B. Vogels/Seybold, 3. Auflage § 48 Anm. 8.

[28] Begründung des Vorsitzenden des Rechtsausschusses in der Bundestagssitzung vom 4. Februar 1953 — 249. Sitzung 11918; vgl. auch Staudinger/ Seybold, §§ 2078, 2079 Rdnr. 32.

[29] Vgl. u. § 5.

geplante Fassung von § 2078 Abs. 2 BGB die Religionsdiener unnötig verdächtigt worden wären, ist wenig überzeugend. Im Gegenteil, es wäre wünschenswert gewesen, wenn die Möglichkeit einer Anfechtung wegen Drohung mit dem Jenseits auf diese Weise mehr in das Bewußtsein der am Rechtsleben Beteiligten eingedrungen wäre.

Wenn ein Seelsorger einem seiner Gläubigen damit droht, „er werde in der Hölle brennen, wenn er sich nicht entäußere" (vgl. *Nelson v. Dodge*, oben § 2 VIII Fußnote 7), wird eine Anfechtung gem. § 123 BGB in der Regel nicht in Betracht kommen. Denn der Geistliche behauptet gewöhnlich nicht, Einfluß auf das angedrohte Übel zu haben, sondern weist nur auf eine nach seiner Meinung bestehende Zwangslage hin[30]. Auch Anfechtung wegen arglistiger Täuschung, § 123 BGB, wird häufig nicht möglich sein, da der Geistliche vortragen wird, er sei von der Wahrheit seiner Behauptung überzeugt gewesen. Gerade einem Sektierer wird man diese Einlassung nicht widerlegen können, da es dem Richter nicht zukommt, über den Wahrheitsgehalt der Lehre der betreffenden Sekte zu entscheiden.

Ganz allgemein ist jedoch die Ausbeutung einer psychologischen Zwangslage eines anderen nicht mit den guten Sitten vereinbar, auch wenn der Ausbeutende die Zwangslage nicht selbst geschaffen hat[31]. Es handelt sich wie bei der Ausnutzung der Unerfahrenheit, Geistes- oder Willensschwäche um einen wucherähnlichen Tatbestand. Von einer „Ausbeutung" muß man dann sprechen, wenn der Begünstigte die religiöse Zwangsvorstellung des anderen kannte und ihn trotzdem zu einer außergewöhnlich hohen Zuwendung bewegte, obwohl ihm klar war, daß er eine Schenkung in dieser Höhe von einem Menschen, der in der Lage ist, seine Entschlüsse vernünftig abzuwägen, nicht erhalten hätte (vgl. z. B. den Sachverhalt von *Nottidge v. Prince*, oben § 2 VIII Fußnote 6 oder *Tufton v. Sperni*, oben § 2 VI Fußnote 12). Das gleiche gilt, wenn sich der Begünstigte dieser Erkenntnis böswillig oder grob fahrlässig verschlossen hat[32]. Jedenfalls kann er sich in solchen Fällen nicht darauf berufen, er habe geglaubt, seine Einwirkung werde dem Zuwendenden nur zum Heile gereichen[33].

Bei Schenkungen und Testamenten aus religiösen Motiven kann auch gelegentlich religiöser Wahn im Spiele sein (vgl. *Nottidge v. Prince*, oben § 2 VIII Fußnote 6; *In Re Killen's Estate*, oben § 2 VIII

---

[30] BGHZ 2 S. 287, 295; Soergel/Hefermehl, § 123 Rdnr. 36; Staudinger/Coing, § 123 Rdnr. 5.

[31] BGHZ 50 S. 70.

[32] RGZ 150 S. 1, 5; BGHZ in WM 1966 S. 832, 835; WM 1966 S. 1221, 1224; Soergel/Hefermehl,§ 138 Rdnr. 42; Flume, § 18₇, S. 381; Enneccerus/Nipperdey, § 192 IV, S. 1180 Fußnote 22); a. A.: Simitis, S. 13.

[33] Vogels/Seybold, 4. Auflage, § 48 Anm. 8.

Fußnote 8). Man könnte dann an — zumindest partielle — Geschäftsunfähigkeit denken (§§ 104 Nr. 3, 105 Abs. 1 BGB). Von partieller Geschäftsunfähigkeit spricht man zwar in erster Linie bei Querulantenwahn und krankhafter Eifersucht[34], sie ist aber ebenso bei anderen Paranoikern, also auch bei Leuten mit religiösen Wahnvorstellungen, denkbar[35]. Allerdings ist Vorsicht geboten, wenn die Wahnidee nur darin besteht, daß etwa jemand einen anderen für einen zweiten Christus hält. Folgert der Mediziner allein aus diesem Umstand Paranoia, läuft er Gefahr, die Diagnose auf seine Bewertung theologischer Fragen zu gründen. Zu einem Urteil über die Wahrheit von Glaubensinhalten ist er jedoch ebensowenig befugt wie der Richter[36].

II. Verstoß gegen Treu und Glauben

Im deutschen Recht besteht in manchen Vertrauensverhältnissen für den einen Teil die Pflicht, den anderen über alle wesentlichen Umstände aufzuklären, wenn zwischen ihnen ein Vertrag geschlossen werden soll, und zwar immer dann, wenn der Vertragspartner nach Treu und Glauben (§ 242 BGB) Aufklärung erwarten darf[1]. Arglistiges Verschweigen berechtigt in solchen Fällen zur Anfechtung gem. § 123 BGB, fahrlässige Nichtaufklärung kann sich als culpa in contrahendo bzw. positive Vertragsverletzung darstellen und über die damit verbundene Verpflichtung zum Schadensersatz zur Aufhebung des Vertrages führen (§ 249 BGB).

1. Vertrauensverhältnisse zwischen nahen Angehörigen

Das Verhältnis von Eltern zu ihren Kindern ist ein solches Vertrauensverhältnis. Das ergibt sich daraus, daß die Eltern bis zum Erreichen der Volljährigkeit die Vermögensverwalter des Kindes waren, und daß die Sorge für das finanzielle Wohlergehen des Kindes nicht plötzlich ganz aufhört, weil das Kind jetzt selbst über sein Vermögen bestimmen kann.

Das Reichsgericht hat die gleiche Auffassung zwar nicht ausdrücklich geäußert, aber doch durchblicken lassen. Es wertete es als sittenwidrig, daß ein Bauer seinem Sohn den Hof gegen Lebensrente übergab,

---

[34] RGZ 162 S. 229; OGHZ 2 S. 53; 4 S. 66; BGHZ 18 S. 184; Gebauer, in AcP 153 S. 332 ff.

[35] Langelüddeke, S. 205.

[36] Vgl. Bleuler, S. 46.

[1] RG in JW 1912 S. 68: Aufklärungspflicht gegenüber einer Verwandten, die einen Vertrag unterschrieb, ohne zu wissen, wieviel sie dadurch verlor; RG in SeuffArch. 79 Nr. 60: frühere Freundschaft; RG in JW 1912 S. 743: Vertrauensverhältnis (Kommission), das erst durch den Vertrag begründet werden sollte.

obwohl er wußte, daß der Betrieb bis an die tragbare Grenze verschuldet war[2]. Richtiger wäre es gewesen, arglistige Täuschung durch
Verschweigen anzunehmen; immerhin läßt sich aus der Entscheidung
entnehmen, daß es nach Ansicht des Reichsgerichts nicht hingenommen
werden kann, wenn Eltern ihre Kinder bei einem wichtigen Geschäft
nicht über die wesentlichen Umstände aufklären.

Der Umfang der Beratungspflicht richtet sich allerdings nach dem
den Eltern obliegenden Haftungsmaßstab[3]. Eltern haben gegenüber
ihren Kindern nur die Sorgfalt zu beachten, die sie in eigenen Angelegenheiten anzuwenden pflegen, § 1664 BGB. Das gilt auch für die
Pflichten beim Vertragsschluß mit dem volljährigen Kind; denn das
Kind kann nicht auf ein größeres Maß an Sorgfalt vertrauen, als
den Eltern vor Erreichen der Volljährigkeit seinem Vermögen gegenüber oblag.

Betrachtet man unter diesen Gesichtspunkten einen Fall wie *Bullock
v. Lloyds Bank Ltd.* (s. o. S. 35), würde man wohl nicht zur Aufhebung
des Vertrages kommen. Man kann von dem Vater, der mit seiner
Tochter einen Vertrag über die Anlage ihres Vermögens schließt,
nicht die Sorge dafür verlangen, daß sie das objektiv günstigste Geschäft wählen konnte. Vielmehr muß es ausreichen, wenn er ihr zu
der Vertragsmöglichkeit geraten hat, die er nach den Abwägungen und
Erkundigungen, die er in eigenen Angelegenheiten angestellt hätte,
für richtig halten durfte. Diese Pflicht hatte der Vater in *Bullock v.
Lloyds Bank Ltd.* erfüllt, da er die Tochter nach reiflicher Überlegung
und Rücksprache mit seinem Anwalt zu dem Geschäft bewegt hatte.

Auch Verlobte stehen zueinander in einem Vertrauensverhältnis,
das eine Aufklärungspflicht bei allen Verträgen, die sie mit Rücksicht
auf ihre Heirat schließen, begründet. Das ergibt sich daraus, daß der
Sinn der Ehe nicht zuletzt in der gegenseitigen Verantwortlichkeit für
das äußere Wohlergehen der Partner liegt.

Das gleiche gilt für Verträge zwischen Eheleuten, die dem einen
Teil erhebliche Vorteile bringen und für den anderen nicht ungefährlich sind. Für sie ist der Sorgfaltsmaßstab — wie bei den Eltern —
diligentia quam in suis (§ 1359 BGB).

2. Beratungsverhältnisse

Der Bundesgerichtshof hat in mehreren Entscheidungen festgestellt,
daß der Auftraggeber, der sich in Rechtsangelegenheiten an einen
Rechtsanwalt wendet, erwarten darf, daß er über die Gesichtspunkte

---

[2] RG in WarnRspr. 1939 S. 261.

[3] Vgl. Esser, Schuldrecht I, § 38, S. 244 ff.

und Umstände, die für sein ferneres Verhalten entscheidend werden können, eingehend und erschöpfend belehrt werde. Dabei darf sich der Anwalt nicht auf die Erörterung rechtlicher Fragen beschränken, sondern er muß den Klienten auch über wirtschaftliche Gefahren des beabsichtigten Geschäfts belehren und ihn über die erforderlichen Vorsichtsmaßnahmen aufklären. In Zweifelsfragen muß der Anwalt die Informationen, die er für eine richtige und umfassende Beratung braucht, beschaffen und ergänzen[4]. Wenn also der Klient den Anwalt vor Abschluß eines wichtigen Geschäfts um Rat fragt, hat der Anwalt die Pflicht, dem Klienten zu sagen, welche Möglichkeit für ihn die günstigste ist. Wenn der Anwalt selbst das Geschäft mit dem Klienten abschließen will, kann sich an seiner Aufklärungspflicht nichts ändern[5]. Er muß die Interessen seines Mandanten wahren und seine eigenen Interessen zurückstellen[6]. Das ergibt sich daraus, daß der Anwalt Sachwalter des Klienten ist. Er übt einen freien Beruf aus und wird für seinen guten Rat honoriert. Auf Geschäfte mit seinem Mandanten ist er nicht angewiesen[7]. Es gilt für ihn erst recht, was für den Kommissionär allgemein bekannt ist; denn auch der Kommissionär ist nicht von seiner Interessenwahrungspflicht gegenüber dem Kommittenten befreit, wenn er das Kommissionsgut selbst erwerben oder ihm einen eigenen Gegenstand verkaufen will[8].

Die gleichen Erwägungen gelten für Geschäfte zwischen Vermögensberatern bzw. -verwaltern und ihren Auftraggebern. Nur wird innerhalb solcher Vertrauensverhältnisse der Umfang der Aufklärungs- und Beratungspflichten von Fall zu Fall variieren. Entscheidend sind die Erfahrenheit bzw. Unerfahrenheit der Beteiligten sowie die Art und Dauer ihrer Beziehungen zueinander.

In allen diesen Fällen ist nicht ausschlaggebend, ob zwischen den Parteien ein Beratungs- oder Verwaltungsvertrag bestand. Es kommt nur auf das Bestehen eines Vertrauensverhältnisses an. Der einzige Unterschied ist der, daß sich die fahrlässige Verletzung der Aufklärungs- und Beratungspflicht in einem Fall als positive Vertragsverletzung und im anderen als culpa in contrahendo darstellt.

---

[4] BGH in VersR 1960 S. 932; in NJW 1961 S. 601; kritisch: Scheffler, in NJW 1961 S. 577.

[5] Vgl. Staudinger/Weber, § 242 A 833.

[6] RG in Recht 1939 Nr. 6692: Anwalt muß dem Klienten von einer zweckwidrigen Klage abraten, auch wenn er dadurch Gebühren verliert.

[7] Im Gegensatz zu einer Bank, bei der die Rechtsprechung auch eine Auskunftspflicht annimmt (RG in HRR 1936 S. 1107; Erman, in AcP 139 S. 309), die jedoch schweigen darf, wenn sie ihre eigenen Interessen opfern müßte (RG in HRR 1936 S. 1107; RGZ 139 S. 103, 106).

[8] Baumbach/Duden, § 400 - 402 Anm. 2; Schlegelberger/Hefermehl, § 400 Rdnr. 37, § 384 Rdnr. 7.

Nach den angeführten Grundsätzen wäre eine nicht geringe Zahl der Verträge zugunsten von Rechts- und Vermögensberatern, die im englischen Recht wegen undue influence aufgehoben wurden, aufgrund arglistiger Täuschung anfechtbar (*Demerare Bauxite Co. Ltd. v. Hubbart*, s. o. § 2 IV Fußnote 22; *Tate v. Williamson*, s. o. § 2 VI Fußnote 11), oder wegen positiver Vertragsverletzung (*Wright v. Carter*, s. o. § 2 IV Fußnote 15; *Huguenin v. Baseley*, s. o. § 2 VI Fußnote 2) bzw. wegen culpa in contrahendo (*Gibson v. Jeyes*, s. o. § 2 IV Fußnote 19) aufzuheben.

3. Aufklärungspflicht der Ärzte über den Gesundheitszustand

Schließt ein Arzt mit einem Patienten einen Vertrag, der lebenslange Behandlung gegen erhebliches Entgelt vorsieht (Sachverhalt von *Popham v. Brooke*, s. o. § 2 VII Fußnote 7), so hat er nach Treu und Glauben die Pflicht, den Patienten gegebenenfalls darüber aufzuklären, daß er nicht mehr lange zu leben hat. Daß den Arzt gegenüber seinem Patienten eine Aufklärungspflicht trifft, ist allgemein anerkannt[9]. Eine Nichtaufklärung bedarf der besonderen Rechtfertigung, etwa, daß sie dem Patienten mehr schaden als nützen würde. Sinn der Aufklärungspflicht ist es natürlich in erster Linie, dem Patienten die Möglichkeit zu geben, Operationen zuzustimmen oder sie abzulehnen, sich einer bestimmten Behandlung zu unterziehen oder bestimmte Arzneimittel einzunehmen. Es ist aber offensichtlich, daß eine Aufklärungspflicht über den Gesundheitszustand auch besteht, wenn andere schutzwürdige Interessen des Patienten das erfordern[10]. Der Arzt kann sich nicht darauf berufen, die Mitteilung habe dem Patienten gesundheitlich oder seelisch zu sehr geschadet. In einem solchen Fall hätte er das Geschäft nicht abschließen dürfen. Jedenfalls kann es nicht gestattet sein, daß der Arzt aus der Unterlassung der Aufklärung erhebliche finanzielle Vorteile zieht.

4. Grenzen der Beratungspflicht

Es bleiben die zahlreichen Fälle, in denen die englischen Gerichte Verträge aufgehoben haben, weil die stärkere Partei Beratung der schwächeren durch einen unabhängigen Anwalt nicht nachweisen konnte, das deutsche Recht jedoch — jedenfalls nach dem gegenwärtigen Stand von Rechtsprechung und Lehre — keine Möglichkeit gewährt, von dem lästigen Vertrag loszukommen. Als Beispiel soll der Fall *Inche Noriah v. Shaik Allie Bin Omar* (s. o. § 2 VI Fußnote 9) nach

---

[9] Hertel, S. 194 f.; Liertz/Pfaffenrath, S. 191 f.; Staudinger/Nipperdey, Vorbemerkung vor § 611 Rdnr. 187.

[10] Liertz/Pfaffenrath, S. 192; Geilen, S. 11.

deutschem Recht untersucht werden. Es handelt sich um den Fall, in dem eine alte, gebrechliche, des Lesens und Schreibens unkundige Malaiin ihr Vermögen ihrem Neffen, der ihr Einkommen für sie verwaltete, geschenkt hatte.

Auch hier kommt eine Aufhebung des Vertrages wegen mangelnder Beratung und Aufklärung beim Vertragsschluß in Betracht. Dennoch müßte der Vertrag de lege lata Bestand haben. Als Neffe der Klägerin zählte der Beklagte zu ihren gesetzlichen Erben. Die Klägerin war schon sehr alt. Ein erbrechtlicher Übergang ihres Vermögens auf den Beklagten wurde durch die Schenkung nur wenige Jahre vorweggenommen. Zwar übertrug sie ihm ihr gesamtes Vermögen, sie gab damit jedoch kaum mehr Freiheit auf als sie vorher hatte, denn infolge ihrer Gebrechlichkeit war sie schon vorher auf ihn und seine Frau angewiesen. Sollte sich herausstellen, daß der Beklagte nicht mehr gewillt war, für sie zu sorgen, konnte sie das Geschenkte nach § 528 BGB zurückverlangen bzw. die Schenkung gem. § 530 BGB widerrufen. Freilich war das sehr viel schwieriger, als die Abänderung eines Testaments. Die Pflichtverletzung des Beklagten könnte also darin zu sehen sein, daß er ihr weder riet, ein Testament zu machen, noch den Anwalt, der sie beim Vertragsschluß beriet, darüber aufklärte, daß es sich bei der Schenkung um das ganze Vermögen der Klägerin handelte. Fraglich ist nur, ob er diese Pflicht hatte. Er hatte zwar das Vermögen über Jahre hin für sie verwaltet, es ist aber weder davon auszugehen, daß er sie gedrängt hätte, ihm die Verwaltung zu übertragen, noch, daß eine besondere Beraterfunktion hinzukam. Ein Neffe gerät leicht in die Situation, das Vermögen einer alten Tante verwalten zu müssen. Das ist für ihn nicht selten mit viel Mühe verbunden. Soll er deshalb aus seiner Verwaltertätigkeit die Pflicht haben, ihr abzuraten, wenn sie ihm ihr Vermögen schenken, statt vererben will? Ich meine nicht. Eine solche Pflicht zur Beratung auf seine Kosten folgt weder aus seiner Tätigkeit als Vermögensverwalter, noch daraus, daß der Vertrag für die Klägerin besonders „gefährlich" gewesen wäre.

III. Nichtigkeit von letztwilligen Verfügungen aus formellen Gründen

§ 27 BeurkG[1] bestimmt in Verbindung mit §§ 7, 16 Abs. 3 S. 2, § 24 Abs. 2, § 26 Abs. 1 Nr. 2 BeurkG, daß Notare, Dolmetscher, Vertrauenspersonen von Tauben und Stummen, Zeugen sowie ein zweiter hinzugezogener Notar, die in einer Verfügung von Todes wegen bedacht oder zum Testamentsvollstrecker ernannt werden, von der Mitwirkung

---

[1] Früher § 2235 BGB.

bei der Beurkundung des Testaments ausgeschlossen sind. Ein Verstoß gegen diese Vorschrift hat zur Folge, daß die betreffende Zuwendung nicht wirksam beurkundet und folglich gem. § 125 BGB nichtig ist. Die übrigen Verfügungen des Testaments bleiben jedoch im Zweifel gültig, § 2085 BGB.

Die genannten Vorschriften gelten nicht, wenn die Person, die das Testament geschrieben hat, bedacht oder zum Testamentsvollstrecker ernannt wird[2]. Während ein solches Verbot noch im gemeinen Recht bestand[3], glaubten die Verfasser des BGB darauf verzichten zu können. In den Motiven heißt es[4], eine Beeinflussung des Erblassers sei allenfalls durch den Urheber, nicht jedoch durch den Schreiber des Testaments zu erwarten. Eine Fälschung liege fern, weil der Erblasser den Entwurf vor der Unterzeichnung durchlesen werde. Komme es aber doch einmal zu einer Fälschung, so bleibe immer noch der spätere Nachweis der Fälschung offen.

Die Auffassung, daß testamentarische Zuwendungen an den Schreiber der Urkunde nichtig sind, vertritt lediglich Coing[5]. Außer dem Hinweis auf das gemeine Recht beruft er sich auf eine Entscheidung des Kammergerichts[6]. Das Kammergericht hielt in dem betreffenden Fall die Zuwendung jedoch für unwirksam, weil es nach seiner Ansicht an einer wirksamen Verlesung des Testamentes fehlte. Es reiche nicht aus, wenn die Urkunde dem Erblasser nur von dem Bedachten, der zudem das Testament geschrieben habe, vorgelesen worden sei.

IV. Leitsätze für die unlautere Ausnutzung von Vertrauensverhältnissen im deutschen Recht

Faßt man die Regeln über unlautere Ausnutzung von Vertrauensverhältnissen im deutschen Recht zusammen, so ergeben sich folgende Leitsätze:

1. Rechtsgeschäfte, die durch planmäßige Ausnutzung von Autorität oder entgegengebrachtem Vertrauen zustande kommen, sind gem. § 138 Abs. 1 BGB nichtig. Das gleiche gilt für Verträge und Testamente, die auf wissentlicher oder grob fahrlässiger Ausbeutung von Unerfahrenheit, Geistes- oder Willensschwäche oder einer psychologischen Zwangslage beruhen.

---

[2] Ganz h. M. z. B. Vogels/Seybold, 4. Auflage, § 8 Rdnr. 4; Staudinger/Firsching, § 2235 Rdnr. 8; v. Lübtow, S. 178; Mecke, § 27 Rdnr. 7.

[3] Senatus Consultum Libonianum (D 48, 10. 1. 8).

[4] Bd. V S. 275 (§§ 1921, 1922).

[5] Kipp/Coing, § 27 III 1c, S. 142 Fußnote 16).

[6] In Deutsche Rechtsprechung 1942 S. 1339 f.

2. Den Tatbestand der Knebelung gibt es auch im privaten Bereich. Überträgt eine Partei der anderen ihr gesamtes Vermögen, so ist dieser Vertrag gem. § 138 Abs. 1 BGB nichtig, wenn sie ihre einzigen Einkünfte aus diesem Vermögen bezieht. Da das Geschäft seinem Inhalt nach gegen die guten Sitten verstößt, kommt es auf den subjektiven Tatbestand nicht an.

3. In manchen Vertrauensverhältnissen besteht nach Treu und Glauben für den einen Teil die Pflicht, den anderen über alle wesentlichen Umstände aufzuklären, wenn zwischen ihnen ein Vertrag geschlossen werden soll. Unterlassung kann arglistige Täuschung oder culpa in contrahendo bedeuten. Diese Pflicht besteht in Vertrauensverhältnissen, die auch Vermögensbeziehungen beinhalten, namentlich für Eltern gegenüber ihren volljährigen Kindern, Ehegatten und Verlobte untereinander, wenn ein Vertrag geschlossen werden soll, der dem einen Teil erhebliche Vorteile bringt und für den anderen nicht ungefährlich ist. Bei Eltern und Ehegatten ist Sorgfaltsmaßstab diligentia quam in suis.

Die Auskunftspflicht gilt ferner in Beratungsverhältnissen. Besteht zwischen den Parteien ein regelrechter Beratungsvertrag, stellt sich die schuldhafte Verletzung der Aufklärungspflicht als positive Forderungsverletzung dar.

Schließlich gilt sie für Ärzte hinsichtlich des Gesundheitszustandes ihrer Patienten, wenn dieser beim Vertragsschluß eine Rolle spielt.

§ 5 Rechtspolitische Überlegungen

Faßt man die in dieser Untersuchung zutage getretenen Unterschiede zwischen dem englischen und französischen auf der einen sowie dem deutschen Recht auf der anderen Seite zusammen, so sind vor allem folgende drei Punkte festzustellen:

1. im deutschen Recht wird die unlautere Ausnutzung bestimmter Vertrauensverhältnisse nicht vermutet,

2. damit zusammenhängend gibt es keine Verpflichtung für die stärkere Partei, der schwächeren unabhängige rechtliche Beratung durch einen Dritten zukommen zu lassen;

3. dort, wo unlautere Einflußnahme festgestellt wird, ist die Rechtsfolge im deutschen Recht radikaler als in den ausländischen Rechtsordnungen.

Aufgrund dieser Unterschiede muß man die Frage stellen, ob eine Änderung des deutschen Rechts in Erwägung zu ziehen ist, und inwieweit dabei die englische oder die französische Regelung verwendet werden können.

I. Ist Nichtigkeit die richtige Rechtsfolge der unlauteren Beeinflussung?

Von Tuhr[1] hat schon unmittelbar nach Inkrafttreten des BGB kritisiert, daß § 138 Abs. 2 BGB an den Wuchertatbestand volle Nichtigkeit statt Anfechtbarkeit oder Vernichtbarkeit als Rechtsfolge anknüpft. Ein ähnliches Votum zugunsten der Anfechtbarkeit findet sich bei Reichel[2], Enneccerus/Nipperdey[3] und bei Ossipow[4]. Tatsächlich trifft man die Rechtsfolge der völligen Nichtigkeit wucherischer Geschäfte nur im deutschen und österreichischen Recht (§ 879 Nr. 4 ABGB). Die anderen europäischen Rechtsordnungen kennen statt dessen in diesem Fall die Vernichtbarkeit oder Anpassung[5].

Die absolute Nichtigkeit führt beim Wucher wie bei dem verwandten Tatbestand der unlauteren Beeinflussung zu einigen Ungereimtheiten

---

[1] Bd. II 2, § 70, S. 43.

[2] In LZ 1917 S. 654 und DJZ 1913 S. 150.

[3] § 192 Fußnote 20.

[4] S. 344.

[5] Ossipow, S. 344 f., S. 385.

und unerwünschten Folgen. Zunächst ist nicht einzusehen, warum die Rechtsfolge strenger sein soll als bei der widerrechtlichen Drohung, § 123 BGB, die ja auch ein Sonderfall eines sittenwidrigen Geschäfts ist. Wucher und unlautere Beeinflussung sind wie die Drohung zu den Willensmängeln zu rechnen[6]. Die unlautere Beeinflussung stellt sogar in gewissem Sinn eine schwächere Form der Drohung dar, denn die Einwirkung zielt auf das gleiche Ergebnis, lediglich mit weniger einschneidenden Mitteln als der Erregung von Furcht.

Der Nachteil der völligen Nichtigkeit besteht darin, daß sich jeder auf sie berufen kann, sogar der, der gegen die guten Sitten verstoßen hat. Das wird von allen deutschen Autoren, die dazu Stellung nehmen, als ungünstig angesehen[7].

Im Hinblick auf das hier behandelte Problem erscheint es jedoch vor allem ungerechtfertigt, daß auch die Gläubiger oder der Konkursverwalter dessen, der aufgrund unlauterer Beeinflussung einem anderen etwas zugewendet hat, die Nichtigkeit der Schenkung geltend machen können. Auch wenn beim Abschluß des Vertrages von einer Gläubigerbenachteiligung nicht die Rede sein konnte, und wenn der Zuwendende die möglicherweise viele Jahre zurückliegende Schenkung aufrechterhalten wollte, könnten Gläubiger und Konkursverwalter weiterhin auf die geschenkten Vermögensgegenstände zurückgreifen. Weder der Schenker noch der Begünstigte könnten sich darauf berufen, daß das Geschäft inzwischen durch Zeitablauf geheilt worden sei. Das deutsche Recht kennt — folgerichtig — keine Heilung eines nichtigen Geschäfts durch Zeitablauf, sondern nur seine Bestätigung, die in Wahrheit eine Neuvornahme darstellt. Die „Bestätigung" eines sittenwidrigen Geschäftes setzt natürlich voraus, daß die Umstände, welche die Sittenwidrigkeit begründen, inzwischen weggefallen sind.

Eine Änderung des deutschen Rechts erscheint also insoweit erforderlich. Man könnte daran denken, wie beispielsweise im kalifornischen Recht[8], den Wuchertatbestand mit der unlauteren Beeinflussung zusammenzufassen und beiden als Rechtsfolge die Anfechtbarkeit zuzuordnen. Dann müßte allerdings die neue Vorschrift so weit gefaßt werden, daß die typischen Merkmale des Wuchers nicht mehr im Gesetz enthalten wären, oder eine große Zahl von wucherähnlichen Geschäften, die die Rechtsprechung bisher § 138 Abs. 1 BGB unterstellt hat, wäre weiterhin als nichtig anzusehen. Daher erscheint es besser, den Wuchertatbestand in § 138 Abs. 2 BGB zu belassen und dem Paragraphen einen weiteren

---

[6] Vgl. auch v. Tuhr und Reichel a.a.O.

[7] Außer den genannten, die ausdrücklich die Anfechtbarkeit befürworten, Staudinger/Coing, § 138 Rdnr. 21a; Palandt/Heinrichs, § 138 Anm. 1a.

[8] Sec. 1575 Civil Code of California, s. o. § 1 I.

Absatz anzufügen, der die Anfechtbarkeit als Rechtsfolge für alle
Fallgruppen des § 138 BGB vorsieht, die die Beeinträchtigung der
Willens- und Entschließungsfreiheit betreffen. Dabei kann man den
Wucher und die wucherähnlichen Geschäfte unter dem vom Bundesgerichtshof[9] verwendeten Begriff „Ausnutzung der schwierigen Lage"
des Geschäftsgegners zusammenfassen. Der neue Absatz könnte somit
lauten:

„(3) Beruht die Sittenwidrigkeit des Rechtsgeschäfts auf der unlaute-
ren Beeinflussung oder der Ausnutzung der schwierigen Lage des
Geschäftsgegners, so kann dieser das Rechtsgeschäft anfechten. Die
Vorschrift des § 124 findet entsprechende Anwendung."

In § 138 Abs. 2 BGB müßte die Formulierung „Nichtig ist insbesondere
ein Rechtsgeschäft ..." in der Weise geändert werden, daß der Absatz
mit den Worten „Sittenwidrig ist insbesondere ein Rechtsgeschäft ..."
an den Absatz 1 anschließt[10].

II. Sollte man die englische oder die französische Form der Vermutung unzulässiger Einflußnahme ins deutsche Recht übernehmen?

Die Rechtsvergleichung macht deutlich, daß zwischen der Häufigkeit
unlauterer Beeinflussung, wie sie tatsächlich im Leben vorkommt, und
der Zahl der hierzu in Deutschland entschiedenen Fälle ein beachtliches
Mißverhältnis besteht.

Wenn in England so viele und in Deutschland so wenige unentgeltliche Zuwendungen aufgehoben wurden, die nachweislich auf unlauterer
Beeinflussung beruhten, so liegt das sicher nicht daran, daß es in
Deutschland weniger gewinnsüchtige Anwälte, Ärzte, Seelsorger, Eltern
etc. gibt als in England. Der Grund ist vielmehr in der fehlenden
Vermutung zu suchen. Denn auch für den, der glaubt unlautere Beeinflussung nachweisen zu können, ist das Prozeßrisiko erheblich
geringer, wenn eine Vermutung zu seinen Gunsten besteht, so daß er
sich eher entschließen wird, sein Recht vor einem Gericht geltend zu
machen. Überhaupt muß man sich fragen, wie man nach deutschem
Recht einen solchen Tatbestand beweisen soll, wenn der Begünstigte
nicht so unvorsichtig war, einen Zeugen zuzulassen.

Im deutschen Recht ist somit die Stellung dessen, der das Opfer
unlauterer Beeinflussung geworden ist, aufgrund der Beweislastver-

---

[9] BGH in WM 1969 S. 1255 und in Der Betrieb 1969 S. 167.
[10] Damit ist offengelassen, ob in bestimmten Fallgruppen sittenwidrige
Geschäfte zu angemessenen Bedingungen weiterbestehen sollen, ein Problem,
das sich nicht mit einer generellen Regelung lösen läßt. Vgl. im einzelnen
Enneccerus/Nipperdey, § 192 III 3, S. 1179.

teilung so schwach, daß man, obwohl die meisten Tatbestände, wie dargestellt, von den §§ 138, 242 BGB erfaßt werden, kaum von einem wirkungsvollen Schutz sprechen kann.

Das Problem wird noch an Aktualität gewinnen durch die steigende Bedeutung der Altersheime und möglicherweise auch durch die Herabsetzung der Volljährigkeit auf 18 Jahre, denn ein 18jähriger wird noch eher im Haushalt seiner Eltern leben und auch leichter zu beeinflussen sein als ein 21jähriger. Es ist daher nötig, nach einer besseren Regelung für das deutsche Recht zu suchen.

1. Kritik an der unwiderleglichen Vermutung des französischen Rechts

Denkt man an eine Rezeption der französischen Regelung, fallen einem sofort deren Nachteile auf.

Da die Vormünder, Ärzte, Seelsorger und Schiffsoffiziere auch dann nichts erben oder geschenkt erhalten können, wenn sie nachweisen, daß die Zuwendung auf einer freien, unbeeinflußten Entscheidung des Zuwendenden beruhte, enthält das französische Recht insoweit de facto eine Verfügungsbeschränkung. Das erscheint unangemessen, weil der Verstorbene gute Gründe gehabt haben kann, den Erbteil seiner gesetzlichen Erben zugunsten seines Arztes oder eines Geistlichen einzuschränken, bzw. seine Familie ganz von der Erbfolge auszuschließen.

Diese Härte des französischen Rechts ist nur von dem bereits erwähnten Ziel des Code civil her zu verstehen, das Familienvermögen zusammenzuhalten. Der napoleonische Gesetzgeber stellte zwar die Testierfreiheit, die während der Revolution zugunsten der gesetzlichen Erben fast abgeschafft war, wieder her, dennoch war auch er der Vorstellung verhaftet, daß Grundlage des Familieneinkommens der ererbte bäuerliche oder bürgerliche Besitz sei. Die Einschränkung der Verfügungsbefugnis durch Art. 907, 909, 995 C.c. beruht also auf einer volkswirtschaftlichen Wertung, die im modernen Industriestaat nicht mehr richtig ist. Ziemlich absurd erscheint dem heutigen Juristen die enge Kasuistik der französischen Regelung. Warum gilt die Empfangsbeschränkung für Ärzte, nicht dagegen für Krankenpfleger und Altersheimpersonal; für Geistliche, nicht aber für Rechtsanwälte und vor allem Notare, statt dessen aber ausgerechnet für Schiffsoffiziere, die doch heute kaum noch in der Lage sein werden, ihre Passagiere einzuschüchtern? Die Antwort der französischen Gerichte lautet, die Bestimmungen seien eben wegen ihrer außergewöhnlichen Strenge eng auszulegen[1]. Eine Regelung, die einerseits zu streng, andererseits hinsichtlich der Adressaten zu eng gefaßt ist, eignet sich jedoch nicht für eine Rezeption. Sie zeigt vielmehr die Gefahren einer Kodifikation, die dem Richter möglichst wenig Entscheidungsfreiheit lassen will.

---

[1] s. o. § 3 III.

2. Argumente für eine Rezeption der englischen Regelung

a) Schenkungen

Die widerlegliche Vermutung unlauterer Beeinflussung bei Schenkungen innerhalb verdächtiger Vertrauensverhältnisse verbunden mit der Entlastungsmöglichkeit durch den Nachweis unabhängiger rechtlicher Beratung scheint mir auf einer vernünftigen Abwägung der Interessen des Zuwendenden wie des Begünstigten zu beruhen. Das wird deutlich, wenn man sich die einzelnen Vertrauensverhältnisse daraufhin ansieht.

Bei Schenkungen von gerade volljährigen Kindern an ihre Eltern und von rechtlich und wirtschaftlich unerfahrenen Personen an ihre Vermögensverwalter oder Rechtsberater befindet sich der Beschenkte — gerade wenn er besten Willens ist — immer in einem Interessenkonflikt. Er ist nach Treu und Glauben zur Beratung des anderen verpflichtet[2] und müßte ihn daher auf die Nachteile einer unentgeltlichen Zuwendung hinweisen. Andererseits kann er durchaus ein berechtigtes Interesse an der Schenkung haben. Das gilt beispielsweise für den Vater, der mit dem Vermögen seines Sohnes sein Geschäft retten will[3]. Wenn er auch glaubt, eine Schenkung des Sohnes an ihn sei für alle Teile das beste, so muß er doch befürchten, daß die Zuwendung dem Sohn den Aufbau einer eigenen Existenz möglicherweise erschwert. Ähnlich liegen die Fälle, in denen die betagte Tante ihren Neffen, der für sie als Anwalt tätig war oder ihr Vermögen verwaltete, mit beinahe ihrem ganzen Vermögen beschenken wollte (*Liles v. Terry*, s. o. § 2 IV Fußnote 8; *Inche Noriah*, s. o. § 2 VI Fußnote 9). Auch hier ist es für den Neffen außerordentlich schwierig abzugrenzen, wie weit seine Pflicht als Berater geht und wie weit demgegenüber sein berechtigtes Interesse als Neffe, der seiner Tante gute Dienste geleistet hat[4]. Das gleiche Problem ergibt sich, wenn ein Erbvertrag geschlossen wird, der vorsieht, daß nach dem Tod aller Familienangehörigen der befreundete Familienanwalt einen Anteil am Familienvermögen erhalten soll[5].

Macht man, wie es das englische Recht in diesen Fällen tut, die Gültigkeit der Schenkung von einer vorangegangenen Beratung durch einen unbeteiligten Anwalt oder sonst eine im Rechts- oder Geschäftsleben erfahrene Person abhängig, so stellt das sicher eine sehr viel sachgerechtere Lösung des Interessenkonfliktes dar, als wenn man ihn wie im deutschen Recht ignoriert oder wie im französischen Recht eine zu starre Regelung wählt.

---

[2] s. o. § 4 II.

[3] Bury v. Oppenheim (1859) 26 Beav. 594.

[4] Vgl. oben § 4 II 4.

[5] Barron v. Willis, s. o. § 2 IV Fußnote 9.

Ebenso verhält es sich mit Geschäften unter Verlobten und Eheleuten, die für den einen Teil besonders günstig und für den anderen nicht ungefährlich sind. Hier bietet der Fall *Heseltine*[6] ein gutes Beispiel, daß die Ehefrau, die einerseits ihrer Familie Erbschaftsteuern ersparen, andererseits ihr Vermögen nicht ihrem Mann schenken will, unabhängiger rechtlicher Beratung bedarf.

In den Vertrauensverhältnissen zu Ärzten, Pflegepersonal und Geistlichen ist die Interessenlage etwas anders. Zunächst gibt es hier keine allgemeine Beratungspflicht gegenüber dem Schenker. Der Nutzen unabhängiger rechtlicher Beratung ist auch nicht ebenso offensichtlich, wie in den vorher behandelten Fallgruppen. Es stellt sich die Frage, auf welche Weise der Anwalt dem raten soll, der etwa von seiner Pflegerin beherrscht wird, oder der fürchtet, im Jenseits bestraft zu werden, wenn er sein Vermögen nicht dem Geistlichen schenkt. Gerade die Personen, die hier als Schenkende in Betracht kommen, haben ungern mit Anwälten zu tun und sehen erfahrungsgemäß oft nicht recht ein, warum es auf die Punkte, die Juristen für wesentlich halten, ankommen soll.

Trotzdem erscheint es auch in diesen Fällen sinnvoll, die englische Regelung zu übernehmen. Sie schützt den Schenker wenigstens in gewissem Umfang vor Schenkungen, die ihn später reuen. Der beratende Anwalt — es kann auch ein im Geschäftsleben erfahrener Freund sein — hat immerhin die Möglichkeit zu versuchen, den zu einer Schenkung Entschlossenen zu einer testamentarischen Verfügung zu bewegen. Er kann die Motive des Schenkers aufdecken, falsche Erwartungen möglicherweise ausräumen und vor unüberlegten Schritten warnen. In dieser Hinsicht bietet die allgemeine Belehrungspflicht des Notars nach § 17 BeurkG[7] keinen ausreichenden Schutz für die schwächere Partei. Denn zum einen kann man sein gesamtes Geld oder seine Wertpapiere ohne Mitwirkung eines Notars verschenken, zum anderen wird der Notar, da er für beide Parteien tätig wird, nur in den seltensten Fällen dem Schwächeren von einer ungewöhnlich hohen Schenkung regelrecht abraten[8].

---

[6] s. o. § 2 II Fußnote 3.

[7] In der Vorschrift heißt es:
„(1) Der Notar soll den Willen der Beteiligten erforschen, den Sachverhalt klären, die Beteiligten über die rechtliche Tragweite des Geschäfts belehren und ihre Erklärungen klar und unzweideutig in der Niederschrift wiedergeben. Dabei soll er darauf achten, daß Irrtümer und Zweifel vermieden sowie unerfahrene und ungewandte Beteiligte nicht benachteiligt werden.
(2) Bestehen Zweifel, ob das Geschäft dem wahren Willen der Beteiligten entspricht, so sollen die Bedenken mit den Beteiligten erörtert werden ...“

[8] Vgl. BGH in BB 1967 S. 59; Mecke, § 17 Rdnr. 18.

Gleichzeitig ist die vorangegangene Beratung durch einen unabhängigen Dritten auch der sicherste Weg für den Begünstigten nachzuweisen, daß er die Schenkung auf unbedenkliche Art und Weise erhalten hat. Das kann für ihn von Interesse sein, wenn Indizien gegen ihn sprechen, etwa weil der Schenkende schwachsinnig und die Schenkung ungewöhnlich hoch war.

Der Nachweis, daß die Schenkung auf faire Weise zustande gekommen ist, ist dem Begünstigten in allen behandelten Fallgruppen zuzumuten. Der Empfänger ist in den untersuchten Fällen regelmäßig nicht auf den Abschluß eines Schenkungsvertrages angewiesen[9]. Außerdem bildet die Schenkung stets einen schwachen Erwerbsgrund. Wie sich aus Vorschriften wie §§ 816, 822, 988 BGB, § 3 Abs. 1 Nr. 3 AnfG entnehmen läßt, muß der, der etwas geschenkt erhält, damit rechnen, es wieder zu verlieren, wenn berechtigte Interessen entgegenstehen. Man kann daher gegen die Übernahme der englischen Regelung von undue influence ins deutsche Recht nicht einwenden, sie stehe der Rechtssicherheit entgegen[10]. Im Gegenteil, die Möglichkeit, die Schenkung durch den Nachweis unabhängiger rechtlicher Beratung aufrechtzuerhalten, gibt auch dem Empfänger Sicherheit, wenn er sich an diese Pflicht gehalten hat.

b) Testamente

Bisher war nur von Schenkungen die Rede. Soll man die Vermutung darüber hinaus auf testamentarische Zuwendungen ausdehnen? Die Lehre von undue influence tut diesen Schritt nicht. An ihre Stelle tritt die Lehre vom want of knowledge and approval. Diese Regelung unverändert ins deutsche Recht zu übernehmen, wäre nicht sinnvoll, da sie zu sehr auf das englische sogenannte Zwei-Zeugen-Testament zugeschnitten ist.

Selbstverständlich scheiden bei Testamenten Angehörige des Erblassers aus dem Kreis der verdächtigen Vertrauenspersonen aus. Verdächtige Zuwendungen an Personen, die aufgrund ihrer beruflichen Stellung Einfluß auszuüben imstande sind, also vor allem Ärzte, Krankenpfleger, Rechtsberater und Seelsorger, kommen dagegen nicht selten vor. Die Wochenzeitung DIE ZEIT[11] berichtete sogar, daß sich ein privater deutscher Altersheimkonzern gezwungen sah, seinen Angestellten zu verbieten, die Pfleglinge zu beerben. Die Beweissituation des gesetzlichen Erben ist in solchen Fällen nicht besser als die des

---

[9] Auf diesen Gesichtspunkt weist vor allem Spencer Bower hin, S. 369, § 407.

[10] So aber Ossipow, S. 98 (allerdings meint er in erster Linie die ebenfalls als undue influence bezeichnete englische Wucherregelung).

[11] 24. Dezember 1971, S. 36.

Schenkers, der das Opfer unlauterer Beeinflussung geworden ist. In der deutschen höchstrichterlichen Rechtsprechung gibt es meines Wissens nur drei Fälle, davon zwei seit Inkrafttreten des BGB, in denen letztwillige Verfügungen zugunsten eines Angehörigen der genannten Berufsgruppen aufgehoben wurden[12].

Da es zudem rechtspolitisch keineswegs notwendig ist, daß Ärzte, Rechtsberater, Seelsorger etc. fremde Leute beerben, wäre es nur wünschenswert, wenn der Beweis der Erbschleichung in solchen Fällen erleichtert würde.

Gegen eine Umkehr der Beweislast durch die Einführung einer Vermutung spricht jedoch bei Testamenten, daß dadurch gerade der Arzt etc. am härtesten getroffen würde, der sich am anständigsten verhalten hat und überhaupt nichts von einer letztwilligen Verfügung zu seinen Gunsten wußte, so daß er auch nicht für unabhängige rechtliche Beratung sorgen und sich auf diese Weise eine Entlastungsmöglichkeit sichern konnte. Fehlt diese Entlastungsmöglichkeit, ist es außerordentlich schwierig zu beweisen, daß man den Erblasser nicht beeinflußt hat. Sinn einer Änderung des deutschen Rechts soll es aber nicht sein, in solchen Fällen irgendeinen entfernten Verwandten, den der Erblasser gerade nicht bedenken wollte, die Möglichkeit zu geben, dem Arzt das Geerbte streitig zu machen.

Die beste Lösung bestände daher darin, nicht generell die Beweislast umzukehren, sondern, wenn außer dem Vertrauensverhältnis weitere Umstände den Verdacht einer unlauteren Beeinflussung nahelegen, dem Erben eine Beweiserleichterung zu gewähren. Ähnlich wie beim prima-facie-Beweis träfe den Arzt, Krankenpfleger, Rechtsberater etc. die sogenannte Erschütterungslast[13]. Das heißt, er müßte Tatsachen behaupten und notfalls beweisen, die dafür sprechen, daß die Verfügung von Todes wegen auf lautere Weise zustande gekommen ist, obwohl beispielsweise nahe Angehörige in dem Testament übergangen wurden, der Erblasser geistesschwach, oder die Zuwendung außergewöhnlich hoch war. Diese Lösung würde auch am ehesten der Lehre von knowledge and approval entsprechen.

---

[12] RG in JW 1902 Beilage, S. 286; OLG Hamburg in HansGerZ 1934 B Nr. 194, s. o. § 4 I 5; OAG Darmstadt (1863) in Archiv für praktische Rechtswissenschaft, Neue Folge Bd. I, S. 345 f., s. o. § 1 III Fußnote 3.

[13] Dubischar, in JuS 1971 S. 385, 392, empfiehlt eine solche Beweiserleichterung für den gesamten Bereich sittenwidriger Geschäfte.

3. Vorschlag für die Regelung der unlauteren Beeinflussung im deutschen Recht

Ich würde demnach folgende Regelung vorschlagen:

Schenkungen an Personen, die aufgrund eines besonderen Vertrauensverhältnisses Einfluß über den Schenker auszuüben imstande sind, sind anfechtbar, sofern der Begünstigte nicht beweist, daß der Schenker aus eigenem Antrieb, über alle Umstände informiert und nach reiflicher Überlegung gehandelt hat. Der Beweis gilt als erbracht durch den Nachweis unabhängiger rechtlicher Beratung des Schenkers. Zuwendungen von Todes wegen zugunsten von Vertrauenspersonen sind anfechtbar, wenn das Vertrauensverhältnis auf der beruflichen Stellung des Bedachten, insbesondere als Arzt, Krankenpfleger, Rechtsberater oder Seelsorger beruht, und weitere Verdachtsmomente für eine Beeinflussung des Erblassers hinzutreten, die der Bedachte nicht zu erschüttern vermag.

Eine Änderung des deutschen Rechts in diesem Sinne ist in erster Linie Aufgabe des Gesetzgebers, schon allein deshalb, weil eine neue Regelung durch ein entsprechendes Gesetz am ehesten in das Bewußtsein der Betroffenen eindringen würde. Aber auch die Rechtsprechung hat die Möglichkeit, die bestehende Rechtslage zu verbessern. Das könnte, was Schenkungen in verdächtigen Vertrauensverhältnissen angeht, bereits dadurch geschehen, daß bei unentgeltlichen Zuwendungen an die hier behandelten Vertrauenspersonen deren Aufklärungspflicht nach § 242 BGB um die Pflicht erweitert wird, für unabhängige Beratung des Schenkers durch einen Dritten zu sorgen, um den in diesen Fällen entstehenden Interessenkonflikt zu beheben.

Printed by Libri Plureos GmbH
in Hamburg, Germany